Le manager joueur de go

Chez le même éditeur

Meredith Belbin, *Les rôles en équipe*

Ken Blanchard et Sheldon Bowles, *Un indien dans l'entreprise : Donnez un nouveau souffle à votre équipe*

Korsak Chairasmisak et Sophie Faure, *Enseignements d'un dirigeant asiatique*

Sophie Faure, *Manager à l'école de Confucius*

Jean-Christian Fauvet, *L'élan sociodynamique*

Bruno Marion, *Réussir avec les Asiatiques*

Henry Mintzberg, *Le pouvoir dans les organisations*

Steven Sample, *Cultiver son leadership*

Shoji Shiba, *Le management selon Shiba*

Jean-Christian Fauvet
Marc Smia

Le manager
joueur de go

Nouvelle édition revue et complétée

Deuxième tirage 2013

EYROLLES

Kea & Partners
Transformation consulting

Groupe Eyrolles
61, bd Saint-Germain
75240 Paris cedex 05

www.editions-eyrolles.com

Cet ouvrage a fait l'objet d'un reconditionnement à l'occasion
de son deuxième tirage (nouvelle couverture).
Le texte reste inchangé par rapport au tirage précédent.

Sommaire

V

L'AFFAIRE TOUSSAINT

Vous voilà engagé(e) à votre insu dans un jeu de go universel. Imaginez la scène : ma femme, ma fille et moi, nous
sommes en vacances dans un hôtel du Jura. Le premier
matin, à la première heure, je descends prendre un bain à la
piscine, où une dizaine de baigneurs chahutent déjà gaie-
ment. Je cherche une place pour déposer mon peignoir de
bain et m'aperçois avec surprise que le pourtour du bas-
sin est jonché d'objets divers appartenant aux baigneurs.
Bien entendu, aucune chaise longue n'est disponible. Mais

alors, où m'installer? Faisant fi de ma bonne éducation, je pousse du pied une paire de sandalettes et un canard en caoutchouc et m'étends sans pudeur. Au bout de trois quarts d'heure, je finis par comprendre que tous les baigneurs appartiennent à la même famille. Il s'agit de la famille Toussaint, qui a fait de cette piscine un *espace de vie privée*, en occupant la plus grande surface possible avec un minimum d'objets.

Dans cet hôtel, la famille Toussaint occupe également *l'espace des conversations*. L'automobile est le sujet favori de monsieur Toussaint et toutes les discussions finissent par s'y rapporter. *L'espace du restaurant* est également tenu par les Toussaint, qui sont installés à une table servie avant toutes les autres et d'où la vue sur les montagnes est sans égale. Après le dîner, les enfants Toussaint se précipitent dans le salon de télévision et se vautrent dans les fauteuils de velours : *l'espace télévision* leur appartient aussi. Ayant terminé leur repas une demi-heure plus tard, faute de mieux, les autres estivants se contentent de petites chaises en bois.

Un matin, à la piscine, j'observe madame Toussaint sur le point de prendre possession de son transat – le «trône Toussaint» – signalé nuit et jour par un superbe foulard rouge. Elle discute avec le cuisinier venu lui souhaiter une bonne journée. Que croyez-vous qu'il arriva? Le lendemain, tout l'hôtel mangeait du lapin à la moutarde, parce que madame Toussaint apprécie le lapin à la moutarde...

Est-ce trop dire que la famille Toussaint nous *pompe l'air*? Pourtant, à aucun moment je ne pense que cette stratégie d'occupation de l'espace relève d'une intention vindicative. Monsieur Toussaint est un homme jovial qui ne cherche à nuire à personne.

Au contraire. À l'occasion d'une petite soirée qu'il a coutume d'organiser, il me demande de faire une courte conférence professionnelle. Mais quel talent : à la fin, c'est lui qu'on remercie...! Un matin, au petit-déjeuner, monsieur Toussaint se lève et interpelle l'ensemble des estivants : «Nous partons cet après-midi faire un tour en montagne, et il nous reste quelques places dans nos voitures. N'hésitez pas à vous joindre à nous. Nous avons tout prévu : les cartes d'état-major et les goûters. Nous partons après la sieste, à 15 h. Bonne fin de repas!» Bien entendu, à l'heure dite, les Toussaint se retrouvent à la tête d'une véritable caravane. Tous ceux qui n'ont pas de projet pour leur après-midi sont trop contents de se joindre à celui proposé avec sourire et détermination par monsieur Toussaint. Et comment résister à une fille Toussaint qui offre aux jeunes enfants en vacances à l'hôtel de leur lire tous les jours des bandes dessinées, à 15 h, après la sieste?

Face à cette invasion, quelle stratégie puis-je adopter? Certes, je pourrais manifester publiquement ma mauvaise humeur, mais je comprends vite que les Toussaint bénéficient auprès du personnel et des estivants d'un préjugé si favorable que le mal pourrait empirer du simple fait de mon attitude hostile.

Mais l'un des fils Toussaint se prend d'affection pour mon adolescente de fille – ou le contraire, allez savoir! Cette fois, l'affaire est claire : les Toussaint n'occupent pas seulement des espaces communs à tout l'hôtel, ils étendent leur emprise sur mon propre espace privé! Toussaint ou Fauvet? Voilà la question. Je prends alors une décision dont je ne suis pas fier sur le moment : nous avons changé d'hôtel. En apprenant plus tard à jouer au go, j'ai compris que mon choix relevait du grand art. Mao Tsé-toung nous dit en effet : «Lorsqu'un adversaire vous enveloppe, ne faites pas front... Jouez ailleurs.» Nous verrons que jouer au go revient à se ménager un maximum d'*espace de liberté*. Pour nous, il s'agissait de passer de bonnes vacances tranquilles.

Cette histoire illustre parfaitement la stratégie d'extension du jeu de go. En d'autres circonstances, vous avez vécu cette même stratégie d'extension tous azimuts. N'accablons pas les Toussaint, car d'une certaine manière la vie de chacun de nous, qu'elle soit privée ou professionnelle, consiste à déployer ses propres talents sur une sélection large ou étroite d'espaces de liberté. Le jeu ou dessein de monsieur Toussaint peut s'exprimer ainsi : «jouer au souverain bienveillant», mais ce projet n'épuise pas la logique du go, loin s'en faut. Monsieur Toussaint peut comprendre en effet – mais à demi – que ces principes d'action s'appliquent aussi à l'entreprise pour *impliquer activement* tous les salariés dans l'organisation.

«L'affaire Toussaint» met en évidence une autre dimension du jeu de go. On entend dire trop souvent en effet : «Ah, oui, le jeu de go, je connais, c'est un jeu d'encerclement!» Cette remarque n'est que partiellement exacte. *Le jeu de go est bien davantage un exercice d'extension par enveloppement.* Les exemples ne manquent pas. Autrefois, en famille, les hommes enveloppaient femmes et enfants; aujourd'hui, avouez que vos enfants et adolescents prennent toute la place, sans parler de celle tenue par votre adorable caniche. Votre vie d'immeuble ou de quartier témoigne de l'attitude enveloppante de voisins encombrants ou de nouveaux commerçants en quête de clientèle.

Une troisième retombée de l'affaire Toussaint met en évidence la nécessité de travailler en réseau. Le jeu de go s'ingénie à connecter des initiatives, des événements, des acteurs, des idées, des attitudes, des actions... pour constituer ce qu'il est convenu d'appeler des «territoires». Au sein de l'hôtel, le réseau Toussaint est incontournable : les fem-

4

mes de chambre, les serveurs, les cuisiniers, le jardinier, les patrons et la plupart des estivants sont parties prenantes de ce réseau, sans intention toujours explicite, mais souvent de bon cœur... *Le réseau est tenu plus ou moins serré sur lui-même* grâce à la participation de chaque acteur à des événements communs déclencheurs d'intérêt, de plaisir, de confiance, d'amitié mais aussi d'habitude ou de facilité.

Nous aurons l'occasion de montrer ici tout ce que le jeu de go peut apporter aux dirigeants pour lire la complexité de leur entreprise, tirer parti des forces en présence et conquérir de nouveaux espaces professionnels, facteurs de richesse et d'influence. De plus, les cadres et les managers eux-mêmes trouveront matière à développer leur propre jeu personnel et professionnel.

Bonne lecture !

LES PRINCIPES DU JEU DE GO

Ceux qui ne connaissent pas le jeu de go pourront se reporter à l'annexe qui en indique les règles. Nous en rappelons ici simplement les principes fondamentaux :

- Le go est un jeu dans lequel deux joueurs s'affrontent en posant alternativement leurs pions (noirs ou blancs, appelés «pierres») sur un vaste damier initialement vide. Le but du jeu est de contrôler le plus d'espaces possibles en bâtissant des réseaux de pierres entourant des zones vides.

- Une pierre posée ne se déplace plus, mais peut être capturée : une pierre (ou un groupe de pierres) privée de toute liberté par des pierres adverses ne «vit» plus : elle est retirée du damier.

- L'opposition des projets ou desseins respectifs des deux adversaires conduit à un enchevêtrement de plus en plus serré et touffu de pierres s'enveloppant mutuellement et dessinant des zones d'influence qui se transformeront si possible en «territoires», buts du jeu.

COMPARAISON ENTRE JEU DE GO ET JEU D'ÉCHECS

	les échecs	le go
les pièces	Jeu féodal, fondé sur la symbolique de la hiérarchie sociale. Chaque pièce a une valeur intrinsèque fixée par son statut.	Jeu égalitaire : toutes les pierres se valent, aucune ne possède une grande valeur intrinsèque. La valeur d'une pierre naît de son interaction avec les autres.
le damier	Un champ clos où s'affrontent deux forces dans un duel à mort.	Un champ immense où il s'agit d'exister plus et mieux que l'autre.
le jeu	Au début, les pièces sont disposées en rangs sur l'échiquier. Elles manœuvrent et sont tuées, disparaissant ainsi du jeu.	Au début, le damier est vide. Les pierres s'y posent pour contrôler des territoires, en relation avec les autres pierres.
l'existence	Jeu du «un» : seul le Roi fonde l'existence du joueur.	Jeu du multiple : c'est l'espace maîtrisé par les pierres qui fonde l'existence.
l'issue	Extermination de l'adversaire, par capture de son Roi.	Coexistence des deux partenaires qui conviennent de la répartition de l'espace.
le gain	Il n'y a que trois issues possibles : la victoire, le nul ou la défaite.	Une palette d'issues possibles : on gagne (ou on perd) de 1, 10, 100... points.
le handicap	Le joueur le plus fort bat inexorablement le plus faible.	L'équilibre des chances est rétabli par l'octroi de 1 à 9 pierres de handicap.

7

JEU DE GO,
PENSÉE CHINOISE ET
PENSÉE OCCIDENTALE

Un jeu chinois plurimillénaire
que l'Occident a redécouvert

En 1945, dit-on, le président Truman s'étonne des succès de Mao Tsé-toung qui remporte des victoires militaires à la fois sur les Japonais et sur Tchang Kaï-chek. Des espions étudient la question et rapportent que Mao n'ignore rien des stratégies occidentales développées par Hannibal, Machiavel, Clausewitz ou le maréchal Foch, mais qu'il s'inspire davantage... du jeu de go, un jeu originaire de Chine, apparu 2 300 ans avant J.-C.!

Les experts associent volontiers le jeu de go à Sun Tse, général chinois du ve siècle avant J.-C., auteur d'un *Art de la guerre* traduit en anglais au xviie siècle. Stimulés par les succès de Mao, la lecture de Sun Tse et l'engouement des Japonais pour le jeu lui-même, les experts américains se mettent à jouer au go autour d'une table dans les bureaux protégés de la CIA. Et stupeur! Ils découvrent que les incontournables stratégies directes et indirectes enseignées dans nos écoles militaires et commerciales n'abordent et ne traitent que la moitié des problèmes du monde moderne.

Sun Tse avait déjà compris les limites de ces démarches guerrières. Pour lui, le but ne consiste pas à imposer à l'autre sa volonté, mais à *faire prévaloir sa vérité*. Accepter l'affrontement est vulgaire et témoigne d'un manque d'imagination. En substance, Sun Tse dit : «N'attaquez pas l'ennemi mais les plans de l'ennemi; l'armée se comporte comme l'eau : elle ne s'attaque pas aux pics élevés mais pénètre par infiltration dans les soubassements de la montagne.» Le go relève de la même logique.

L'*Encyclopædia Universalis* précise : «Plusieurs légendes chinoises relatent l'invention du jeu de go : selon l'une d'elles, l'empereur Shun, qui régna il y a un peu plus de quatre mille ans, inventa le jeu pour développer l'intelligence de son fils Sheng Kien; selon une autre, un vassal de l'empereur Ketsu, nommé U, l'imagina au xviiie siècle avant J.-C. pour distraire son suzerain. En tout cas, le go était très probablement joué en Chine au début du deuxième millénaire avant notre ère.» Puis, au xiiie siècle, il devient le jeu favori des samouraïs japonais. Il se répand parmi les moines et atteint les marchands et les paysans. Il tient une place importante dans les cultures chinoise, coréenne et japonaise. Au fil du temps, le go est devenu un maître jeu inspirant la conduite de la politique et le management des affaires.

La pensée chinoise à l'œuvre

Pour les Occidentaux, l'apport le plus significatif du jeu de go vient de son enracinement dans la philosophie chinoise qui nous présente une autre façon de voir, de penser et d'agir ici-bas. Les œuvres de François Jullien[1] nous ouvrent, à cet égard, une voie royale bien différente de celle d'Aristote ou de Descartes.

La culture traditionnelle chinoise, telle qu'elle se manifeste dans l'*Art de la guerre* ou dans la dynamique du jeu de go, diffère de la culture traditionnelle européenne. Ses détours par l'allégorie sont souvent déconcertants. Comment comprendre, en effet, une maxime comme «Le poisson pourrit par la tête» ou encore «Cacher dans la lumière»?

Nos modes de raisonnement et notre habitude du discours argumenté se heurtent à une forme de pensée exprimant ses concepts sous une forme imagée et succincte. Et résoudre cette énigme devient nécessaire dans un monde où les relations avec l'Asie sont de plus en plus fortes.

Une pensée holistique

La culture européenne est une culture analytique. L'*analyse* est une méthode qui vise à comprendre un objet, une idée, une situation, à partir de ses constituants. Elle établit tout d'abord des critères permettant d'identifier les composants,

---

1. François Jullien, philosophe sinologue français et auteur de plusieurs ouvrages sur la pensée chinoise.

puis découpe l'objet analysé en autant d'éléments. Comprendre ce qu'est une fleur, c'est être en mesure de distinguer le calice, formé par l'ensemble des sépales, de la corolle, formée par l'ensemble des pétales... Descartes s'est fait le chantre de la pensée analytique en écrivant son *Discours de la méthode* : «Diviser chacune des difficultés en autant de parcelles qu'il se pourrait pour les mieux résoudre.»

À l'inverse, la culture traditionnelle chinoise est une culture holistique. Elle appréhende les objets, les idées, les situations, d'une manière globale, en tenant compte de leur contexte. Un système est alors considéré comme une entité complexe, possédant des caractéristiques liées à sa totalité et des propriétés non déductibles de celles de ses éléments.

L'approche holistique est complémentaire de l'approche analytique; elle invite à élargir le domaine d'observation des disciplines scientifiques. Elle a produit des apports féconds dans les domaines des sciences sociales, donnant naissance à la sociologie (la psychologie des individus est déduite de leurs conditions sociales) ou des sciences naturelles (au-delà de la description des composantes d'un être vivant, comprendre les interactions entre la biologie et l'écologie).

Une pensée du mouvement et de la transformation

La pensée occidentale repose sur trois principes que chacun de nous semble enclin à prendre pour une vérité absolue : le principe d'identité (une chose est identique à elle-même), le principe de non-contradiction (une chose n'est pas identique à son contraire) et le principe du tiers exclu (toute proposition est soit vraie, soit fausse). La formalisation de ces

principes par le philosophe grec Aristote a permis un développement mathématique et philosophique considérable en
Occident. Ils structurent nos modes de raisonnement au
point que nous n'avons jamais douté de leur universalité.

Cependant, la pensée orientale répond à des principes différents. Les recherches récentes de l'université de Berkeley[1],
en Californie, ont tenté de transcrire cette pensée orientale.
Le résultat est saisissant. Les deux chercheurs ont identifié
trois principes : celui de *changement permanent* (la réalité se
modifie en permanence), celui de *contradiction* (les contradictions sont omniprésentes puisque seul le changement est
constant) et enfin celui de *holisme* (toute chose étant soumise
au changement et se trouvant en perpétuelle contradiction,
on doit toujours considérer chaque objet et son contraire).

Le monde tel qu'il est vu par les Orientaux est un monde en
transformation permanente. Le processus prime sur la finalité des choses; il est préférable de prendre appui sur les
mouvements de la vie plutôt que s'y opposer; il s'agit de
tirer un avantage des initiatives de l'environnement comme
un habile surfer tire profit des vagues de l'océan qui le pous-
sent en avant. Ainsi la maturation d'une plante tient autant à
la plante elle-même qu'au talent du jardinier. Toutefois, cette
maturation doit se faire dans de bonnes conditions. C'est
pourquoi à chaque étape, le jardinier, en bon joueur de go,
s'efforce de *faire advenir* et par conséquent apprécie à bon
escient *le potentiel de chaque situation*. Tout est là : le jardinier est un homme dont la mission consiste à construire le
lointain au sein de la proximité et donc à faciliter la vie.

---

1. Avec le psychologue Kaiping Peng, de l'Université de Berkeley,
Richard Nisbett, professeur de psychologie de l'Université de Michigan, a
tenté de comparer les axiomes de la logique occidentale et ceux de la
pensée dialectique chinoise.

© Groupe Eyrolles

Le jeu de go, source d'inspiration pour les managers

Gardons à l'esprit que le jeu de go a été créé pour apprendre aux princes à gouverner.

Dans nos sociétés occidentales, la culture du leadership se transforme. Les individus ne sont plus prêts à reconnaître la légitimité de chefs autoritaires. Ils sont déjà accoutumés à des modes de relation fondés sur la coopération que renforce le développement de l'infosphère. On glisse d'une autorité hiérarchique et verticale vers des relations informelles où la force de conviction et le comportement fondent l'autorité.

Parce que le jeu de go aide à se représenter la complexité et à choisir ses modes d'action, il est une source d'inspiration pour le manager contemporain, soumis aux pressions d'un environnement en mutation :

- la logique de conquête par l'élimination des forces adverses semble devenue caduque ;
- la complexité du monde rend difficile l'exercice de prévision ;
- la mise en œuvre des décisions demande des modes de management diversifiés ;
- le statut de chef n'est plus un fondement suffisant de l'autorité.

La coopération, l'initiative personnelle et la capacité à créer des liens entre les individus au travail deviennent des leviers de création de valeur.

14

CONTROVERSE
ENTRE
UN MANAGER,
UN JOUEUR D'ÉCHECS
ET UN JOUEUR DE GO

Dès lors qu'il est question de prendre l'avantage, nous sommes tentés d'éliminer les opposants de tout poil comme un joueur d'échecs qui cherche à abattre le Roi de son adversaire. Dans le jeu de go, s'il est aussi question de gagner, la victoire se fait plus subtile, selon un principe de coexistence et de construction mutuelle avec l'adversaire.

Et si les managers mettaient une touche de go dans leur management?

Discussion entre un manager, un joueur d'échecs et un joueur de go :

LE MANAGER : La culture de l'efficacité inspirée par les théories de Taylor et de Fayol a fait son temps. Les pays émergents se sont approprié nos méthodes de productivité – cet art de l'ingénieur –, et la part de l'industrie dans l'économie occidentale ne cesse de se réduire...

LE JOUEUR DE GO : Oui, nous devons trouver un autre terrain de jeu, celui du service et de la connaissance, qui, soit dit en passant, représente déjà plus de 50 % du PIB européen. Nous devons miser sur la performance des hommes, leur créativité, leur capacité d'initiative, leur aptitude à créer des relations et à coopérer. Ce sont nos questions clés aujourd'hui.

LE JOUEUR D'ÉCHECS : Peut-être, mais ne reste-t-il pas toujours beaucoup à faire en matière de standardisation des tâches et des fonctions? Garantir la sécurité des processus permet des économies considérables. À cet égard, le jeu d'échecs est exemplaire : toutes les pièces (le Roi, le Fou...) possèdent, en début de partie, une place bien définie sur l'échiquier; de plus, leur fonction et leur liberté de mouvement sont rigoureusement réglementées. C'est une vraie pyramide hiérarchique au travail, voire au combat!

LE MANAGER : Il est vrai que les règles du management industriel ont été appliquées avec succès à tous les secteurs, même celui de l'économie de service, mais la globalisation des entreprises a poussé trop loin la standardisation et le taylorisme des cols blancs, en réduisant ainsi leur marge de manœuvre. L'efficacité par les systèmes, c'est bien... mais je crois qu'aujourd'hui nous devons faire confiance aux hommes si nous voulons inventer une nouvelle performance. La littérature

16

sur le stress au travail témoigne du malaise et du besoin de nouveaux repères éprouvés par des salariés «à la recherche du sens perdu de l'entreprise». Il est maintenant nécessaire non seulement de restaurer le tissu social et le sentiment d'appartenance à une communauté, mais aussi de susciter un engagement collectif dans un projet. Dans cette affaire, le manager devient le facilitateur ou le catalyseur qui va raviver les liens au sein de l'entreprise et libérer une nouvelle énergie faite de responsabilité, d'intelligence, d'initiative, d'affectivité...

LE JOUEUR DE GO : J'ajoute que, toutes les semaines, paraît dans la presse un article consacré au «devoir d'éthique» dans l'entreprise, le tout appuyé par des enquêtes d'opinion, des dossiers sur les attentes des salariés, des reportages dans «les entreprises où il fait bon vivre» et l'évocation de faits et de symboles illustrant le courage, la générosité et la solidarité...

LE JOUEUR D'ÉCHECS : À cet égard, le jeu d'échecs donne un bon exemple d'organisation des forces, où chacun, de sa place, participe à la victoire.

LE MANAGER : «Effort organisé», très certainement, mais je ne peux pas croire que l'engagement individuel soit le fait d'une organisation mécanique bien huilée.

LE JOUEUR DE GO : En fait, ce qui séduit dans l'agressivité du jeu d'échecs, c'est qu'elle procède de la logique, du rationnel, de l'esprit de système, et alimente ainsi l'illusion du tout-maîtrisable. Mais, dans la réalité, cet esprit de système peut déshumaniser les individus, les réduire à l'état de pions : c'est bien l'un des effets inévitables du management et de l'organisation par trop mécanistes.

Le jeu de go propose une autre forme d'existence, qui naît de la chaîne des liens et s'édifie sur le flanc des forces adverses.

LE JOUEUR D'ÉCHECS : Je reconnais bien là le joueur de go qui s'emploie à embrouiller les choses afin de prétendre les résoudre plus facilement par la suite. Dès le milieu d'une partie de go, les pierres posées sur le damier composent des entrelacs incompréhensibles pour le commun des mortels.

LE JOUEUR DE GO : Justement! Le jeu de go nous offre peut-être le meilleur exercice mental pour déchiffrer la complexité. Il constitue sans doute l'un des rares systèmes qui affrontent cette complexité tranquillement, inexorablement, pierre après pierre, petite action après petite action, événement mineur après un grand chambardement.

LE MANAGER : Comment cela?

LE JOUEUR DE GO : Le go est une école de discernement et d'intelligence des situations. Il apprend à prendre du recul, à regarder le damier de plus haut. Les deux adversaires jouent séparément mais construisent inévitablement *un ensemble commun*. Un bon joueur de go ne cherche pas à éliminer son adversaire comme le fait un joueur d'échecs. Dans notre monde chamboulé en permanence, le jeu de go nous apprend les vertus de la coexistence : composer et construire avec les partenaires sociaux et les contraintes imposées par le marché ou par l'environnement.

LE MANAGER : C'est mon avis. Il nous faut vivre les tensions autrement, en acceptant les conflits comme des challenges dynamiques et les différences comme des forces fécondes. De cette façon, nous construirons une nouvelle histoire économique et sociale.

18

LE JOUEUR D'ÉCHECS : Je crains que vous soyiez des utopistes. La concurrence n'attend pas. Or en voulant changer les approches de management, vous allez dépenser beaucoup d'énergie, de temps et d'argent. Donc courir le risque de vous retrouver en déficit financier, en décalage commercial, sans parler des embarras socioculturels et des grèves difficiles à surmonter.

LE JOUEUR DE GO : C'est vrai, cela demande de l'énergie. Mais un manager inspiré par le go vitalise ses équipes en leur donnant à la fois un sens pour l'action et des degrés de liberté... C'est ainsi qu'il travaille à l'édification de pouvoirs : le sien, celui de son service, de sa division ou de son entreprise. Il écoute activement ses collaborateurs pour comprendre la relation affective qui les lie à leur travail. Il fait en sorte qu'ils tissent des liens entre eux, consolidant ainsi un territoire d'influence, et que leurs projets respectifs vivent, respirent et jouent en synergie mutuelle et en extension. Il n'hésite pas à intervenir sur plusieurs territoires (stratégique, financier, commercial, social...); il sait prendre du recul pour analyser les situations et garder l'initiative partout où c'est possible. Enfin, et c'est peut-être le plus important, il va chercher à tirer parti des forces momentanément opposées que peuvent représenter les concurrents, les syndicats, la presse, les lois en vigueur... Comme au judo.

LE JOUEUR D'ÉCHECS : À vous entendre, nous avons des points communs : l'importance accordée sur le moment aux combinaisons tactiques peut faire perdre de vue l'enjeu stratégique.

LE JOUEUR DE GO : L'intention stratégique se joue dans l'acte tactique. La tactique et la stratégie sont indissociables. La pratique du go donne au manager le sens de l'à-propos : à un instant donné, ici et maintenant, il est bon de jouer ce coup, qui peut se révéler décisif tout de suite ou plus tard. La petite action porte toujours le grand dessein.

LE MANAGER : Un grand dessein... n'est-ce pas un peu flou malgré tout, puisqu'il s'agit de s'adapter en permanence aux circonstances?

LE JOUEUR DE GO : La vie, c'est ça! Elle naît, s'impose et se développe sans règles écrites ni procédures imposées, et le fort coexiste généralement avec le faible. À ce propos, le go redonne ses chances au plus faible : quand le rapport de force est disproportionné entre deux joueurs, l'équilibre est restauré par l'attribution de pierres au joueur le moins doué. Le go ajoute ainsi à la vie une *éthique de rééquilibrage*. Les deux joueurs sont dans l'obligation de coexister. L'un n'existe pas sans l'autre; chacun trouve sa vitalité dans la construction de son territoire, non pas considéré comme une terre à conquérir mais plutôt comme un monde en devenir. Un joueur inexpérimenté, animé d'une volonté de conquête absolue, fera un carnage de pierres, alors que gagner, ne serait-ce que d'un point, sera l'issue recherchée par un maître de go.

LE JOUEUR D'ÉCHECS : Êtes-vous sûr que nous pourrons intégrer un univers de pensée à ce point différent du nôtre? Au go, toutes les pierres se valent, alors que le jeu d'échecs est à l'image de notre conception occidentale avec ses figures hiérarchisées. Ce principe de hiérarchisation est même si ancré que les joueurs occasionnels prennent le Roi pour la figure maîtresse du jeu. Preuve que le besoin d'autorité, le besoin de chef qui mène l'armée au combat – ou qui promet le succès à son entreprise – reste prioritaire dans nos consciences.

LE MANAGER : L'autorité! Voilà bien un concept que nous devrions redéfinir avec soin. Dans un État, une entreprise, une association, une famille, l'autorité du chef est à la mesure de sa compétence stratégique et tactique, de son intégrité morale, de son discernement politico-social, etc. Il est clair que toutes ces qualités sont aussi admirables, souhaitables, enviables... que rares! Et le Roi (tout Roi qu'il est!) s'avère bien souvent incapable de conduire seul l'entreprise vers les hauts niveaux de la performance...

LE JOUEUR DE GO : Merci, monsieur, pour ce petit coup de main... Au go, les pierres reliées entre elles dessinent les limites de territoires d'autant plus vastes qu'ils sont composés d'espaces libres et pourtant imprenables. Il en va de même pour le manager «en titre» qui se contente de procéder par *vide contrôlé* : il s'efface pour laisser un espace d'initiative à ses collaborateurs afin que puissent se déployer, sous son regard attentif, des talents et des projets créateurs de richesse.

LE JOUEUR D'ÉCHECS : Je ne vous crois pas. C'est impraticable.

LE MANAGER : C'est incontestablement difficile mais c'est dans l'air du temps pour les nouvelles générations de techniciens et de cadres qui arrivent sur le marché du travail. Je confirme que cette stratégie d'auto-organisation est performante au sein des organisations éclatées en filiales, divisions et services... Elle nécessite un dessein fort, adossé à des valeurs partagées, susceptibles de guider l'action de tous les collaborateurs, et surtout une compétence haut de gamme du patron. Personnellement, je trouve qu'un manager prend des risques dans une pareille aventure. Que peut-il en tirer?

LE JOUEUR DE GO : Le go vous propose de devenir un *maître manager* comme on devient un maître de go. Le *maître manager* danse avec le mouvement du monde. Il navigue en permanence entre le détail et le général, le local et le global, le singulier et l'universel, l'un et le multiple. Il sait être lui-même dans l'action tout en gardant de la distance. Il se soumet à la réalité du monde, faite de complexité et d'incertitude, mais ne la regarde pas à travers un référentiel dogmatique ou une théorie idéalisante. Fort de son dessein et de sa volonté, il compose avec les imprévus du monde comme le sage chinois compose avec les forces de la nature. Parce qu'un joueur de go se projette émotionnellement sur le damier, il va se confronter à ses propres forces et faiblesses. «Tu joues comme tu es.» Dans le combat, se laisse-t-il piéger ou sait-il prendre du recul? Fait-il toujours les mêmes erreurs : ne pas relier ses pierres entre elles, jouer uniquement en local, être distrait? Le go apprend la maîtrise de soi. Allons! Un manager a tout intérêt à se plonger dans quelques parties...

LE JOUEUR D'ÉCHECS : Le jeu d'échecs apprend lui aussi la maîtrise de soi...

LE JOUEUR DE GO : Bien sûr! Ne vous méprenez pas sur mon sentiment vis-à-vis du jeu d'échecs, que j'estime beaucoup. Et une fois sur dix, vos méthodes frontales sont d'ailleurs plus performantes que les miennes, plus pacifiques... en apparence.

LE MANAGER : Je résume. Si la bataille rangée du jeu d'échecs m'inspire de manager par les procédures, le jeu de pouvoir par la création de liens suggéré avec le go m'invite à m'appuyer davantage sur les hommes. À moi de choisir, suivant mon appréciation de la situation, les modes d'action les plus adaptés.

LE JOUEUR DE GO : Excellent résumé. Mais pour mieux comprendre, je vous propose de découvrir les 19 jalons qui suivent. Au fil des pages, *une dynamique d'analogies* entre le jeu de go et le management s'installe; elle exerce à :

- agir à dessein, avec éthique, en s'appuyant sur des valeurs partagées;
- tirer parti des forces adverses et apprendre les vertus de la coexistence;
- créer des liens et tisser des territoires d'influence;
- donner des degrés de liberté pour libérer la créativité et l'esprit d'initiative;
- avoir une autre conception de la stratégie et de la tactique;
- voir les choses de plus haut et garder l'initiative;
- déchiffrer la complexité;
- … et développer un autre esprit de conquête.

Au lecteur de poser la première pierre, puis la seconde… et ainsi de suite, afin de gagner la partie, la sienne et celle de son entreprise.

Le damier (ou go-ban) représente votre «terrain de jeu» de manager

Aux échecs, l'échiquier se présente comme un champ de bataille bien délimité, composé de 64 cases. Les deux armées sont là, debout, rangées en lignes, face à face, prêtes à l'affrontement.

Il en va tout autrement sur le go-ban, lequel comprend 361 intersections, une figure de l'infini. De plus, en début de partie, le damier est... vide de toute pierre! Vide! Il faut prendre ce terme au sens fort : comme synonyme non de néant (ou de non-être), mais d'espace porteur d'indéterminations où tout est à construire. Les deux joueurs se livrent librement à un exercice de construction qui donne forme à leur dessein, et ce, *sans l'autre, en dépit de l'autre, avec l'autre, malgré l'autre, contre l'autre...*

Considérons le damier comme le «terrain de jeu» du manager. Un champ d'action infiniment décomposable en différents espaces de jeu s'offre à lui. Le damier global de l'entreprise peut être décomposé au gré des circonstances en différentes zones de jeu : juridique, commercial, industriel, humain, éthique, etc. Nous verrons d'ailleurs que l'une des tactiques en matière de stratégie et de négociation consiste à *changer de damier*, donc à passer d'une zone défaillante où les territoires sont menacés à une zone où la liberté d'action est plus grande, à un espace vierge ou partiellement occupé que l'on va tenter de contrôler.

Le damier est le champ d'action sur lequel un dessein, une ambition, des projets vont prendre forme

Le manager devra composer avec des forces, alliées ou adverses, soit en s'appuyant sur elles, soit en les contournant, soit en tentant de les réduire. Du reste, lorsqu'un manager prend une nouvelle fonction, le «damier» de l'entreprise n'est pas *vide* au sens propre. Dans un environnement installé par son prédécesseur, il doit tracer sa voie et composer avec le jeu de contraintes et d'opportunités qui se présente à lui.

Pourtant, au début d'une partie de go, le damier est nu. Il se caractérise par des coins, des bords, un centre. Dans cet espace ouvert, chaque territoire va se constituer par le jeu des connexions entre des pierres posées l'une après l'autre sur des intersections contiguës.

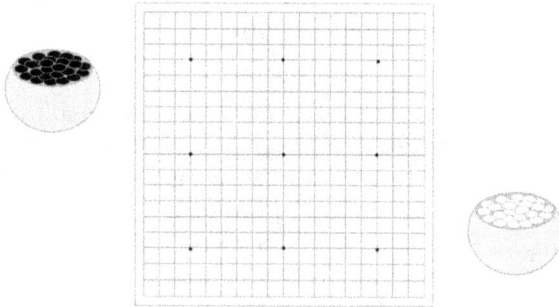

Une pierre posée à proximité du bord du damier crée un *territoire potentiel*, contrairement à une pierre posée seule au centre. Métaphoriquement, le bord du damier représente *le multiple* (les 19 points du bord du damier), autrement dit le nombre, le peuple, la masse. Mao a ainsi appuyé la puissance de sa politique sur les paysans plutôt que sur les habitants des villes, parce que les paysans étaient infiniment plus nombreux. Par analogie, la légitimité d'une entreprise lui viendra de sa reconnaissance par le plus grand nombre : l'ensemble des salariés, la masse des clients, la presse...

«Jouer au centre», c'est se croire, à tort, tout-puissant. En début de partie le joueur sera plutôt bien inspiré de prendre position dans un coin : s'appuyant sur deux bords du damier et avec un faible investissement (une pierre), il affirme déjà la présence d'un *territoire potentiel*.

Pour un manager, être nommé chef est une condition nécessaire mais non suffisante. Ne compter que sur cette légitimité institutionnelle est comparable au fait de *jouer au centre*. Le manager qui aspire à *créer de la valeur* et à installer un territoire d'influence cherche à obtenir une triple légitimité octroyée par l'institution (au centre), assise sur ses compétences et reconnue par le corps social (bords de damier).

Un manager peut exercer sa pensée en se référant au go et évaluer les situations avec l'œil d'un joueur de go.

Le go lui donne des *clés de lecture* pour analyser les forces en présence : comprendre les positions de chacune des parties prenantes, voir les territoires imprenables, ceux qui sont à conquérir et les territoires adverses trop grands qu'il va pouvoir investir.

Le go donne au manager un référentiel pour agir

Sur le damier de sa légitimité, le go l'invite à :

1. s'appuyer sur les valeurs de l'entreprise (bord de damier) pour concevoir son dessein et donner sens à son action ;
2. choisir les points d'appui (le coin) dont il dispose : ses compétences personnelles et celles de sa division, de son service ou de son usine ;
3. faire exister les compétences pour étendre le champ d'influence de cette division, de ce service ou de cette usine (le territoire).

Ayez un dessein et faites-le émerger au sein de votre entreprise

Au commencement d'une partie de go, le joueur qui pose ses pierres au hasard, sans dessein, sera vite perdu et dominé par le jeu de l'autre. Il est sage de penser que, pour être performante, chaque pierre posée doit s'inscrire dans un projet global et servir un dessein.

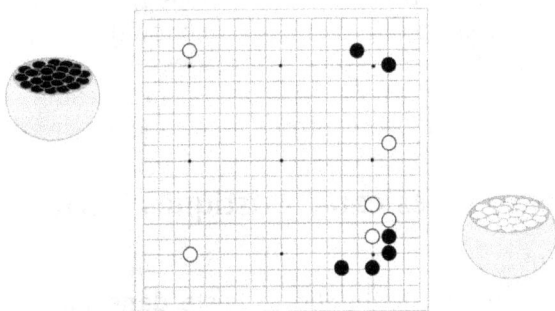

Qu'est-ce qu'un dessein pour un manager ou une entreprise?

Ce n'est pas un ensemble de procédures consignées dans un plan. Un dessein n'est pas imposé. Il opère dans l'esprit des hommes et des femmes de toute l'entreprise comme un horizon à atteindre, voire à dépasser. Il se révèle à eux sous la forme d'une vocation économique, d'une intention sociale, d'une vision stratégique et industrielle. *Il est ce pourquoi une communauté d'individus va s'engager.* Le dessein est la réponse à un appel du destin et induit une culture collective forte à défendre : «Accrochez votre char à une étoile», nous dit R.W. Emerson. Le dessein invite à aller au-delà d'un but immédiat.

Le manager doit intérioriser et reprendre à son compte le dessein de l'entreprise pour le rendre explicite à son équipe, lui donner vie jour après jour et développer sa vision. Le dessein va donner une cohérence à son action et inspirer sa stratégie au quotidien.

Dans sa forme la plus commune, nous parlons de *défi,* de *challenge collectif,* voire d'une *aventure* ou d'un *exploit communautaire* dans le monde : le dessein est considéré comme une sorte de réponse à une provocation externe que chacun prend à son compte, pour que tous réussissent.

Quelles sont ses caractéristiques intrinsèques?

Il doit être :

* **simple dans son libellé et vaste dans son objet.** Les thèmes choisis paraissent d'ailleurs banals à ceux qui n'ont pas participé à son élaboration. (Par exemple : *Nous par rapport à nous :* «Ensemble, nous serons plus forts!», «Nous dépasser sans cesse!», «Mieux que le mois précédent!»; *Nous par rapport aux autres :* «Être

30

les meilleurs!», «Devenir les premiers!»; *Nous au service d'une grande idée totémisée :* «Tout pour le client!», «Être la référence!», «Le service public!»);

- **nécessaire** face aux menaces externes (la concurrence, les évolutions du marché) ou menaces internes qui peuvent mettre en péril l'intégrité de l'institution et de son corps social;

- mais aussi **chargé d'espérance,** donc **émotionnel** (des espérances subjectives) **et rationnel** (des menaces objectives);

- **crédible et sans démagogie, tout en étant porteur d'un certain rêve,** donc enveloppé d'un halo comme l'horizon qui s'éloigne à mesure que nous avançons : la Terre promise devenue, pour les chrétiens, la Jérusalem céleste;

- **équitable :** car, ayant réalisé le dessein, les acteurs comptent sur une reconnaissance de l'institution, laquelle se fait un devoir d'en répartir équitablement les retombées positives pécuniaires, morales ou symboliques. Autrement dit, si l'on gagne, tout le monde en profite; si l'on perd, les «petits» ne seront pas les seuls à en subir les conséquences. L'inverse crée une rupture de pacte et produit du cynisme, du désengagement, voire de la rébellion;

- **enraciné dans les valeurs** partagées par le plus grand nombre dans l'entreprise. Il donne sens à l'action de tous. Il est vécu, vivant, incarné par des hommes et des femmes, et n'est pas galvaudé.

L'entreprise occidentale a besoin d'un dessein pour générer l'élan collectif de salariés en quête de sens, à la recherche d'autre chose que le profit à court terme. Mais attention, pas d'angélisme!

Tout d'abord, le dessein ne peut s'opposer à la «finalité de profit» de l'entreprise. Sans profit, l'entreprise perd sa marge de manœuvre et son indépendance. Son dessein est alors menacé. La prospérité est une valeur positive qui peut figurer en bonne place dans la formulation du dessein.

Ensuite, «donner du sens» n'impulse pas le mouvement, mais y contribue. Le dessein est une dialectique entre espérance et adversité : il donne envie d'atteindre un horizon et fait prendre conscience des dangers de l'inaction.

Enfin, jouer sur la dimension émotionnelle a des limites. Une trop grande affectivité ou des passions trop fortes peuvent générer le déchirement, la dissociation ou l'implosion.

Le dessein ou projet est consubstantiel à l'homme.

L'existentialisme en a fait le facteur constitutif de son être véritable : «Je ne suis pas un objet, mais un projet; je ne suis pas seulement ce que je suis, mais encore ce que je vais être, ce que je veux avoir été et devenir» (J.-F. Lyotard)[1]. Le dessein a une fonction de *déclencheur des comportements, des actes et par conséquent de l'action*.

Le dessein est aussi consubstantiel à l'organisation : «Une société ne peut ni se créer, ni se recréer sans du même coup créer un idéal. Cette création n'est pas une sorte d'acte additionnel par lequel elle se compléterait une fois formée; c'est l'acte par lequel elle se fait et se défait» (É. Durkheim)[2].

Il existe deux voies pour promouvoir un dessein ou, mieux encore, pour le faire émerger au sein du corps social. La première voie est la voie directe : investi d'une grâce particulière ou sous la pression d'une menace extérieure, le chef

---

1. Jean-François Lyotard (1924-1998), philosophe français.
2. Émile Durkheim (1858-1917), sociologue français, considéré comme le fondateur de la sociologie moderne.

incarne le dessein. Par son exemple et le charisme de son discours, il libère les énergies de coopération des autres acteurs. La seconde voie s'inspire directement du jeu de go : elle consiste à faire émerger le dessein, lentement, d'un long *jalonnement d'événements*, qui, peu à peu, forment dans la pensée collective un territoire affectif en mal d'action. Affectif, oui, mais un peu flou, comme «une certaine idée de la France» que Charles de Gaulle proposa de développer...

Se mettre en chemin «fait émerger» le dessein

Le point d'arrivée est secondaire : «L'important n'est ni la cible, ni la flèche, ni l'arc, ni l'archer; c'est la marche infinie du voyageur qui va de crête en crête vers l'invisible oasis» (Antoine de Saint-Exupéry). Tous les vrais grands patrons avouent ne pas avoir d'objectifs au sens strict. L'important est d'avancer. Certes, ils fixent des objectifs à leurs directeurs d'usine et agents de maîtrise car ces derniers ont besoin de repérer quelques points précis sur la ligne d'horizon. Mais, en ce qui les concerne, ils ne peuvent que marcher indéfiniment vers un horizon lointain mal défini. Le challenge consiste à *faire émerger un mouvement volontaire, un élan collectif...* si possible dans la même direction.

Dans un système de *management mécaniste*, la direction produit des documents intelligents et des programmes habiles, espérant que leur lecture attentive et leur respect scrupuleux suffiront à mettre en mouvement l'ensemble des salariés. Le résultat n'est pas garanti. À l'inverse, le management inspiré par un dessein mise sur la capacité de chacun d'entre nous à se passionner pour des valeurs professionnelles. L'intelligence et la rationalité pure et dure doivent retrouver leur crédit dans un second temps – sous peine d'implosion –, pour canaliser l'affectivité désordonnée des uns et les erreurs d'appréciation des autres.

L'EXEMPLE EMBLÉMATIQUE DE MOÏSE

En matière de management, le jeune Moïse a commencé par la fin : **après avoir embauché d'emblée quarante mille briquetiers, il se demande «quel dessein» il peut leur proposer.**

Il rend donc visite à son beau-père, Jethro, éleveur de bétail dans le Sinaï. Pendant dix ans, Jethro consulte tous les papyrus et pierres gravées disponibles, puis convoque son gendre et lui dit : «Moïse, j'ai résolu ton problème. J'ai retrouvé l'ancêtre de tes briquetiers. Il s'appelait Abraham, habitait la Mésopotamie et a conversé avec Dieu, lequel lui a promis de donner la terre de Canaan à ses descendants.»

Moïse se met donc en quête de cette terre de Canaan dont il n'a jamais entendu parler. Il tient à son dessein : fonder un peuple et pour cela mener ses briquetiers à Canaan. Vous connaissez la géographie de cette région et vous savez que, pour aller du Nil à Canaan, quelques jours à dos de chameau suffisent. Or, vous avez appris que les Hébreux ont mis quarante ans pour y parvenir !

Aujourd'hui, il est temps de révéler le grand secret de cette énigme : Moïse n'était pas pressé d'arriver à Canaan. En réalité, il lui a fallu quarante ans pour organiser Israël en douze tribus dirigées par des chefs de «milliers», de «centaines» et de «dizaines» d'individus – que l'on appellerait aujourd'hui agents de maîtrise – et surtout pour transformer une masse de semi-esclaves un peu passifs en peuple en marche.

Les pierres posées sur le damier figurent les actes au service de votre dessein

Le damier vide vous attend

C'est à vous de jouer. Vous disposez de 181 pierres noires que vous allez disposer ici ou là sur le damier. Que représentent-elles ?

Dès le départ, au bridge, au jeu d'échecs et au jeu de go, les joueurs ont en main les atouts ou forces à mettre en œuvre pour gagner la partie. Au bridge, le hasard vous octroie les bonnes ou les mauvaises cartes, hasard inexistant pour les échecs et le go. En revanche le bridge et les échecs ont une caractéristique commune : les cartes et les pièces (le 2 de Cœur ou le pion...) possèdent par convention, dès le début de la partie, un *pouvoir bien défini* de conquête ou de nuisance, dont la règle fixe la portée et les limites. Par exemple, le Fou se déplace en diagonale, les pions avancent d'une case à la fois, etc. Attribuer une valeur particulière à une carte ou pièce relève du plaisir de jouer et non de la réalité de la vie. La hiérarchie féodale du jeu d'échecs ne peut figurer qu'imparfaitement le monde. Qui plus est, dans nos entreprises d'aujourd'hui, la *hiérarchie statutaire* tend à perdre du terrain : être chef devient une position donnée à un instant donné dans une situation donnée.

Au jeu de go, nous sommes loin des mécanismes hiérarchiques. En tant que joueur, vous disposez d'un bol de 181 pierres noires (ou 180 pierres blanches) toutes identiques. Il n'y a plus ni chef, ni pion, ni 2 de Cœur. Chaque pierre posée ici ou là possède une *valeur de position immédiate* ou *future*, qui peut être insignifiante ou grande – la suite de la partie le dira.

La pierre posée avec à-propos prend du sens au fur et à mesure de la partie

Connectée ultérieurement à d'autres pierres, elle tiendra le rôle d'un jalon dans le développement de votre dessein personnel. Les pierres dispersées forment une zone d'influence. Organisées, elles décrivent un territoire potentiel.

Qu'est-ce qu'une pierre en management?

Ce peut être un acte, un événement, un acteur ou un groupe d'acteurs, ou tout à la fois. Connecter des pierres revient à créer un lien entre des collaborateurs et connecter une série d'actes au service d'un dessein. Un manager peut ainsi penser ses actes comme des pierres posées, reliées entre elles, et considérer la position de chaque collaborateur en termes de degrés de liberté : quel est le niveau d'autonomie offert à chacun pour qu'il exerce son esprit d'initiative et développe sa capacité de relation avec les autres, et de liaison entre ses actes et son projet?

Tous les événements suivants peuvent être compris comme des pierres posées au service de votre dessein : afficher une note précisant les nouveaux horaires de travail; tenir un discours public et solennel dans le grand hall; prendre des parts dans le capital d'une entreprise sous-traitante; embaucher un ingénieur étranger de grande renommée; faire participer tout le personnel à la réception d'un gros client; nommer Alain Fontenay directeur de filiale; décider d'intéresser pécuniairement tous les salariés aux résultats de l'entreprise; améliorer le cadre de travail d'un entrepôt; affecter un nouvel ouvrier au service d'emballage afin d'en améliorer la productivité; féliciter un opérateur pour une innovation technique; avoir une conversation de 5 minutes dans le couloir avec un représentant du personnel...

Reprenons le dernier exemple : dans la perspective du jeu de go, cet événement – dérisoire? – constitue une pierre comme les autres; au départ, il a la même valeur que cet autre événement «tenir un discours public et solennel...» dont personne ne peut dire par avance s'il fera avancer le projet plus vite (il pourrait bien susciter une attitude d'hostilité générale). À l'inverse, cette conversation non programmée dans le couloir peut avoir un meilleur effet que toute autre mesure.

Le jeu de go, par son concept de pierres non hiérarchisées, nous invite à la modestie, nous pousse à la persévérance, nous engage à provoquer une série d'événements au service du dessein. Il suggère aux managers **d'adopter *une stratégie de jalonnement, dans le temps et l'espace, de multiples actes ou événements modestes, résistants aux épreuves, répétés et cohérents***, qui peu à peu vont faire émerger le dessein ou le consolider. Ce jalonnement est au service d'une stratégie d'extension de façon plus performante que ne le ferait un mode d'action frontal.

Le go nous enseigne ainsi un autre art de l'action : aucune action n'est isolée ou gratuite, elle est toujours porteuse de sens; la *petite action* renvoie toujours au *grand dessein*. Son impact est relatif à la somme des autres actions engagées et elle prend toute sa portée en situation. Elle est guidée par le souci de l'économie : où mon action va-t-elle avoir le plus de résultat avec le minimum d'effort?

Certaines organisations sociales, politiques ou commerciales caractérisent leurs actions par *un jalonnement d'innombrables événements animés en sous-œuvre par un dessein fort* : observez l'extension progressive des langues, des monnaies, des marchés, des idées... ou encore le jeu de la publicité, qui s'est spécialisée dans les campagnes de jalonnement de messages radio, d'annonces presse et d'affiches; constatez les manœuvres d'enveloppement mutuel des partis politiques, des territoires commerciaux, des groupes d'influence de tous ordres. L'espace géosociologique mondial est l'objet d'enveloppements continuels. La liste est longue. Les espèces végétales et animales, les peuples, les races, les religions, les législations française et européenne, les marchés boursiers et commerciaux, les pressions médiatiques ou politiques, les modes de vie, les arts primitifs ou nouveaux, les tendances philosophiques ou littéraires, etc., depuis des siècles, jouent à se prendre mutuellement la place.

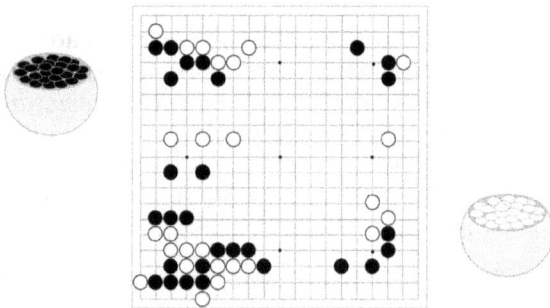

Considérez l'adversité comme un handicap stimulant à surmonter

Ici encore le jeu d'échecs s'affirme comme un contre-modèle du jeu de go, au moins sur le plan psychologique. Non seulement le joueur d'échecs cherche à contrecarrer la force de frappe du Cavalier adverse, mais il cherche à l'abattre, car *tué* ici, le Cavalier ne sera plus menaçant ailleurs.

Au jeu de go, la relation à l'autre joueur est différente. Vous jouez les pierres noires, il joue les blanches. Votre but est de gagner, non pas vraiment *contre* l'autre, mais *en dépit, malgré, aux dépens de* l'autre... et aussi *grâce à* l'autre. **L'autre joueur n'est pas à proprement parler un ennemi, mais plutôt un partenaire peu complaisant avec qui se construisent des territoires.** Chaque situation créée par l'adversaire peut être une gêne, un handicap à surmonter, mais aussi un point d'appui.

Cet adversaire peut être aussi bien un concurrent qu'un cadre de votre état-major, le maire de votre localité, etc. Les situations de conflit peuvent naître aussi bien du jeu des syndicats et du comité de direction vis-à-vis du corps social que de celui du marketing et du commercial pour occuper le terrain de la croissance, de celui de la logistique et de la production sur la question des stocks, des ambitions personnelles sur le damier du pouvoir ou encore du jeu typique de la concurrence.

Les pierres-événements posées par votre *adversaire* ainsi défini ne vous sont opposées que pour être contournées et dépassées, et devenir des points d'appui destinés à consolider une position.

L'exemple d'une entreprise de transport

Les instances représentatives du personnel s'opposent à un projet de relocalisation des équipes, base d'une nouvelle organisation que tous reconnaissent comme pertinente. Le manager en charge de la réorganisation peut choisir le passage en force mais les risques sociaux sont trop importants. Il préfère plutôt investir un autre territoire de dialogue : la vision du métier à cinq ans. La réorganisation devient alors une étape de la transformation de l'entreprise. L'ensemble du personnel adhère à la nouvelle ambition du groupe et acquiesce au projet de relocalisation, dont il conçoit alors la légitimité.

Mieux, le fait d'être mis en difficulté juridique ou sociale sur un coin du damier peut et doit vous inviter à renforcer votre dessein. Au fond, peu importe que votre adversaire construise ici un petit territoire de circonstance si à cette occasion vous créez ailleurs les conditions d'un espace encore plus grand !

Chassez un instant de votre esprit toutes les pierres noires que vous avez posées sur le damier. Observez seulement les pierres blanches éparses et les territoires constitués par

40

votre adversaire : apparaît alors le *champ des obstacles et/ou des espaces à conquérir* qui s'offrent à vous.

Matériels ou immatériels, ces obstacles ou ces points d'appui sont porteurs d'une énergie plus ou moins considérable. Pour la réussite d'une action ou d'un changement, *ces forces négatives et positives sont toutes à prendre en compte.* Elles fondent la dynamique de construction des territoires qui vous fait passer d'un damier vide à un espace transformé par l'action mutuelle de deux adversaires. Sortes de contre-pouvoirs, elles sont, selon les cas, à affronter directement, à envelopper, à subvertir, à réduire, à supporter indéfiniment, mais jamais à négliger. La pratique du jeu de go nous exerce à toutes les subtilités de cette stratégie de contention.

Le cas des fusions est intéressant à explorer.

Quand deux entreprises se rapprochent, l'une intégrant l'autre, l'adversité est ressentie très fortement en interne. Deux cultures s'affrontent. Il faut reconstruire les périmètres d'action ; les luttes de pouvoir, les résistances au changement et les conflits de personnes sont exacerbés. Le manager en charge de l'intégration a alors tout intérêt à *réinventer un nouveau damier.* Une situation de fusion pousse le manager à s'interroger sur la re-création du dessein de l'entreprise : quel est le nouveau projet de conquête et quelles sont les valeurs qui, au-delà des oppositions, sont partagées par le plus grand nombre ? Si ce dessein est fort et authentique – et non un effet d'annonce comme bien souvent –, le manager peut amener ses collaborateurs à dépasser les luttes intestines. À défaut, il lui reste à distinguer si l'opposition de certains est durable ou seulement conjoncturelle. Il prend du recul pour dessiner la carte des forces en présence. Il va construire l'organisation future en s'appuyant sur l'énergie disponible, qu'elle soit positive ou négative, et faire jouer ses collaborateurs ensemble sur un damier où le dessein transformé propose de nouvelles espérances. Cela suppose de sa part une grande capacité d'écoute. Négligeant ses propres angoisses, il doit plutôt considérer l'*adversité* telle qu'elle est vécue par ses collaborateurs.

Visez large et... tenez serré

Une partie de go se déroule en trois phases. Chacune d'elles permet au joueur d'expérimenter des modes différents d'expression de soi, car, au go, «tu joues comme tu es».

Le fuseki est la première phase du jeu.
Les joueurs mettent leurs desseins à l'épreuve

Le go-ban est vide, les joueurs vont y projeter leur dessein. Le fuseki prescrit de *viser large dans le temps et l'espace.* C'est le début de la partie, les pierres sont largement dispersées sur le damier mais amorcent déjà des territoires potentiels. Vive le jeu de go, qui nous invite à voir le monde *de plus haut,* à observer les territoires *en devenir* et à agir *à dessein*! «Viser large», c'est ça.

Le monde de l'entreprise doit lui aussi être saisi dans sa globalité. La performance de l'action elle-même en dépend. **Toutes les stratégies et toutes les tactiques qui se limitent à une approche par plans sont déficitaires.**

Les manœuvres de milieu de partie sont appelées chuban : les territoires se négocient

Avec une cinquantaine de pierres posées par chacun lors du fuseki, les desseins des deux joueurs commencent à apparaître plus clairement sur le damier. Les amorces de territoires blancs s'imposent à la vue du joueur noir, à tel point que son bon sens va le pousser à renoncer à s'engager ici pour mieux se déployer ailleurs. Nous entrons dans les manœuvres de milieu de partie, appelées chuban. Il s'agit d'une phase où chaque joueur, sans le dire expressément, sacrifie quelques espaces de vie pour s'investir sur un autre territoire plus prometteur. En cela, le dessein de l'autre joueur vous a été utile : il vous a obligé à dépasser votre propre dessein, à vous surinvestir dans des prolongements nouveaux, auxquels vous n'aviez pas pensé au départ. *Le go développe ainsi l'aptitude à la transaction*, aptitude clé et décisive pour un manager.

La troisième phase du jeu s'appelle le yose. La bagarre reprend ses droits

Enfin, les cent premières pierres ayant été posées, nous approchons de la troisième phase du jeu, le yose. Vous êtes le joueur noir et vous voulez gagner, autrement dit, disposer en fin de partie d'un nombre d'*espaces de vie* supérieur à celui de votre adversaire blanc. Vous ne cherchez pas à l'éliminer mais vous devez vous battre. Le yose vous prescrit de tenir serré... localement. La bagarre reprend ses droits : vous consolidez vos territoires avec énergie, vous malmenez sans pitié ceux de votre adversaire, vous dressez des murs infranchissables, vous prenez toutes les pierres opposées qui freinent votre avancée... Cette phase est la moins noble du go. Elle fait partie de la vie comme le reste.

En fait, ces trois phases du jeu font écho aux trois modes de management tels que les décrit la sociodynamique[1], où se mêlent des *savoir-faire* techniques qui s'acquièrent et des *savoir-être* propres à la personnalité de chacun. Le fuseki, parce qu'il matérialise le dessein des joueurs, s'apparente au *mode de l'animation* : le manager donne du sens, anime son équipe, construit les liens, soutient les efforts collectifs. Le chuban, phase de jeu où l'espace se raréfie, pousse à s'adapter aux circonstances : le manager pratique ici le *mode de la transaction* et de la négociation. Enfin, le yose est une phase de tension où il faut verrouiller ses territoires : le manager choisit le *mode de l'imposition.*

Ces trois phases ne sont distinctes qu'en apparence

À chaque instant, pour chaque pierre posée, quelle que soit la phase de la partie, vous devez vous placer dans une perspective globale. Oui, cette pierre posée là en première partie comme simple jalon de mon dessein, je pressens que je pourrais la *négocier* dans un instant, voire l'*imposer* dans une prise, l'instant suivant. Il en va de même pour les trois modes de management de la sociodynamique. Chaque acte de management est lui aussi global, même si, pour les besoins de l'instant, un mode peut donner l'impression d'escamoter les deux autres.

Par exemple, vous êtes dans l'obligation de fermer un site ; vous *imposez* les conditions de cette fermeture ; mais, à chaque instant de la procédure, vous vous placez dans une perspective de *transaction* et d'*animation* pour témoigner de votre attachement aux valeurs inaliénables de survie de l'entreprise et de votre respect des salariés malmenés par votre décision.

---

1. Jean-Christian Fauvet, *L'élan sociodynamique*, en collaboration avec Kea&Partners, Éditions d'Organisation, 2004.

45

La sociodynamique se veut non normative : elle ne promeut pas un mode de management au détriment des autres. Elle considère que *chacun d'eux est adapté à certaines situations.*

LES TROIS MODES DE MANAGEMENT

- **L'animation** est le mode dynamique par lequel un manager, s'appuyant principalement sur la confiance que lui témoignent ses collaborateurs, fait vivre une organisation porteuse d'effort collectif et de transcendance. Le mot *animation* doit être pris dans son sens fort : donner une âme, insuffler la vie. Il s'agit de susciter la vie sociale au sein d'une communauté – une équipe, une division, une filiale, une entreprise tout entière – et de lui donner l'élan nécessaire pour répondre à un défi collectif.

- **La transaction** permet d'atteindre un équilibre entre les intérêts des divers acteurs et d'obtenir un arrangement acceptable pour les parties grâce à un va-et-vient entre raidissements et concessions. Ce mode est adapté aux situations où l'on souhaite favoriser l'initiative et offrir des espaces de liberté à tous les acteurs.

- **L'imposition** convient aux situations bien balisées et banalisées, telles que la production de série soumise à des procédures rigoureuses. Mieux, elle devient un mode opérationnel précieux dans les situations d'exception à fort enjeu qui menacent les fondamentaux de l'organisation et requièrent une réponse instantanée (conflit, crise).

Revenons sur le yose, quand l'espace d'action se rétrécit

Ce temps de jeu nous renvoie aux moments critiques que peut vivre une entreprise, quand l'espace d'action se rétrécit sur des enjeux de productivité et que les tensions s'exaspèrent. Ces moments ne doivent pas faire oublier que l'entreprise est née de phases antérieures, qu'elle s'est construite sur un socle de valeurs qui a donné sens à son dessein. Le go nous apprend à ne pas nous laisser enfermer dans le yose en survalorisant la dernière phase du jeu : dans les situations où la hiérarchie se voit dans l'obligation de réduire les degrés de liberté des collaborateurs, elle doit dans le même temps redonner sens aux valeurs initiales qui ont présidé à la fondation de l'entreprise.

Jalon 6

Faites que chacune de vos décisions vous ouvre de nouveaux «espaces de vie»

Au jeu d'échecs, la «bonne position» de la Tour ou du Fou sur l'échiquier donne l'avantage *tactique,* voire *décisif* dans le cas où le roi adverse est abattu.

Dans le jeu de go, la recherche d'un «bon positionnement» intervient de la même façon, mais dans une autre perspective. Pour consolider un territoire, la décision se porte évidemment sur l'intersection qui offre le meilleur avantage local tactique, mais, dans la plupart des coups, il s'agit de tout autre chose. D'une façon générale, la décision porte sur l'intersection qui maintient, garantit ou offre le plus de possibilités et d'initiatives, ouvrant le plus d'«espaces de vie» sociale, commerciale, financière...

Une pierre posée (ici et non là) offre immédiatement au joueur une liberté supplémentaire voire deux, trois ou quatre. Soutenant une ou plusieurs autres pierres déjà posées, le «bon choix» garantit leur survie, les renforce, les prolonge et quelquefois boucle un territoire petit ou grand, but du jeu. Il s'agit de garder toujours l'initiative afin de ne pas subir le jeu de l'autre, conserver sa liberté d'action et préserver la vitalité des pierres et des territoires issus d'actions engagées antérieurement, et aussi se donner des possibilités d'extension.

Méfiez-vous des «pierres de paresse» posées sans conviction sur le damier, uniquement parce que c'est votre tour de jouer!

Votre dessein est en sommeil, vous jouez n'importe quoi et n'importe où. Le management devrait innover, surprendre, susciter de nouveaux motifs de curiosité, de nouvelles raisons d'implication... et non se faire répétitif jusqu'à l'ennui.

Craignez comme la peste les choix qui vous font perdre l'initiative et réduisent vos degrés de liberté

Les *entreprises tribales*, par exemple, ont tendance à jouer en repli sur elles-mêmes. Ces organisations, engagées depuis des décennies dans un programme d'actions soutenu par un système de valeurs partagées, ne dérogent pas à certaines pratiques sociales ou certains modes de fonctionnement; par fidélité, sécurité ou entêtement, les patrons, cadres et agents d'exécution jouent inlassablement, à l'intérieur de leurs propres territoires, des pierres inutiles. En ne jouant pas l'extension, ces entreprises se ferment des espaces de vie et risquent d'être dominées par le jeu d'un concurrent.

De multiples entreprises familiales se sont ainsi dévitalisées jusqu'à disparaître parce qu'elles ont ignoré le *besoin d'accomplissement* de leurs cadres. De même, depuis une quinzaine d'années, dans les grandes entreprises, l'effet conjugué de la centralisation, du *re-engineering*, de l'intégration des systèmes et des processus a cassé le rôle clé du management de proximité en lui retirant sa marge de manœuvre et sa capacité d'initiative. **Or, affaiblir le management intermédiaire revient à affaiblir le lien d'appartenance entre les salariés et l'entreprise.** Le management intermédiaire fait vivre les valeurs au quotidien sur le site (service, atelier, agence, point de vente...) et représente un modèle de promotion sociale pour ceux qui aspirent à plus de responsabilité. Le management intermédiaire est la courroie de transmission naturelle entre l'institution et le corps social : il fait comprendre les finalités de l'entreprise sur le terrain et conjointement il se fait l'avocat des aspirations légitimes des salariés.

Redonner de la vitalité et de l'existence au management de proximité

Coca-Cola et Danone travaillent dans ce sens : Coca-Cola en définissant un ratio d'encadrement de 1 pour 6 salariés afin de renforcer la performance opérationnelle, Danone en établissant des corrélations entre indicateurs managériaux et performance du groupe.

Le jeu de go nous invite à articuler en permanence la consolidation de nos territoires et leur capacité d'extension, à évaluer les degrés de liberté engendrés par nos décisions et ceux que l'organisation réserve aux collaborateurs.

Au jeu de go, quand une pierre n'a plus que deux degrés de liberté (sur le damier, deux intersections libres), la menace d'atari[1] (situation de capture) se profile!

Le nouveau rôle critique et stratégique du management consiste à définir le champ de contraintes de l'entreprise et celui de l'initiative. Qu'est-ce qui relève du domaine de *la règle* et de *l'incontournable,* tels le dessein et ses valeurs considérés comme patrimoine génétique de l'entreprise? Qu'est-ce qui relève de l'autonomie? Quelles sont les marges de manœuvre que le manager peut accorder? Cette

---

1. Annexe 2, «Le jeu de go en quelques règles».

dialectique entre imposition et autonomie permet aux managers de se centrer sur ce qui est important. Bien définir ces périmètres respectifs oblige à travailler sur les degrés de liberté de chacun afin de faire jouer tout le personnel *en extension*, et développer ainsi l'emprise de l'organisation sur le marché et les clients.

Privilégiez les liens sociaux, donc misez sur la culture et les valeurs partagées

Dans toutes les organisations, les managers se posent la même question : comment bien relier les décisions, les informations, les événements... dans un système global cohérent. Apparaît alors un problème important de **connexion**. Pour simplifier, nous dirons qu'il existe dans la vie deux modes de liaison ou de connexion : matériel et immatériel.

Le mode matériel privilégie les liaisons techniques ou administratives qui donnent lieu à la publication de procédures, d'ordres de mission et de comptes rendus imprimés ou transmis par mail. Par leur côté formel et mécanique, les liaisons matérielles sont réputées plus fiables, donc nécessaires. Il va sans dire, toutefois, que ce type de connexions matérielles nous éloigne de notre sujet : non seulement, il ne suscite pas d'élan professionnel producteur de valeurs, mais, comme nous le verrons plus loin, il peut susciter indirectement un état d'esprit de non-implication personnelle ou de passivité collective. Nous sommes ici dans un mode tayloriste, de *production de série :* les clients, les produits, la qualité, le travail, la vie même des salariés, tout est traité en série. Les ERP[1] et les processus qui les accompagnent opèrent dans

---

1. ERP : *Enterprise Resource Planning* (progiciel de gestion intégrée).

53

ce registre. La connexion informatique y est dominante et normalise les modes de fonctionnement. Elle produit un ordre de fait où l'interaction principale se joue entre le salarié et son ordinateur plutôt que de personne à personne. Ce type d'organisation peut induire une forme de passivité, de fermeture à l'autre.

À l'inverse, *le mode immatériel joue davantage sur l'état d'esprit des acteurs, sur la culture partagée,* sur les valeurs professionnelles à maintenir et à développer, sur la part de dessein dont tous les salariés sont porteurs.

Par exemple, chez Leclerc, l'esprit du commerce et la volonté d'indépendance animent toujours les adhérents du même souffle fondateur. Michel-Édouard Leclerc assoit sa légitimité sur le respect des valeurs insufflées par son père, comme la défense du pouvoir d'achat. Les relations entre les personnes, le tempérament, l'initiative prévalent sur les systèmes d'information et les processus. Et le mouvement poursuit une croissance à faire rougir ses concurrents.

Voyez encore le témoignage d'un cadre de Nissan sur Carlos Ghosn : «Sans arrogance, il est venu et il a appris. Il n'est pas arrivé avec des formules toutes faites. Il n'a pas prétendu tout savoir sur le Japon. Il personnifie le Japon avec son pragmatisme et ses valeurs. Son expérience au Brésil et aux US lui a fait apprendre le subtil mélange de respect de la culture locale avec l'exigence du résultat.»

Dans un contexte où l'adversité était à son maximum (être un patron parachuté de l'étranger pour mener une opération de redressement), Carlos Ghosn a su construire à ce moment un nouveau territoire, exercer son influence et exprimer une sensibilité de dirigeant bien proche de la pensée du go, dans un pays où le jeu est un référentiel implicite!

Ces liaisons matérielles et immatérielles – techniques et humaines – se retrouvent métaphoriquement dans le jeu de go où deux sortes de connexions de pierres s'offrent visuellement à nous : en diagonale ou en ligne. Mais, *au go, seule la ligne relie effectivement les pierres.*

Cas n° I

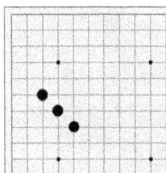

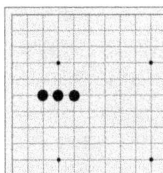

La connexion n'est pas établie : les pierres ne se touchent pas

Cas n° 2

La connexion est établie : les pierres se touchent

Dans le premier cas, notre métaphore figure un alignement plus *technique qu'humain*, obtenu par simple juxtaposition de pierres dans l'espace, telle une liste de consignes sur une note de procédures. Dans le second cas est valorisé un alignement plus *humain que technique*, obtenu par une liaison féconde de personne à personne, telle la participation émotionnelle des salariés au projet d'entreprise. Les 19 x 19 lignes du go-ban représentent en effet le réseau serré de coopération, de synergie, de confiance, voire d'amitié qui fédère l'entreprise en profondeur. **C'est pourquoi le *côte à côte diagonal* sera toujours tributaire du *cœur à cœur en ligne*, plus riche en initiatives de toute sorte.**

Dans le *côte à côte diagonal*, les pierres sont voisines et ne sont reliées qu'implicitement. Comme des voisins de bureau qui ne communiquent que par mail, sans cultiver de liens personnels; la relation n'est que fonctionnelle. Cette connexion nous rappelle les liaisons mécaniques qui sont facilement bloquées par... un grain de sable. Les liaisons matérielles seront toujours victimes du fait qu'elles s'exercent dans un artefact peu humain.

Dans le *cœur à cœur en ligne*, les pierres sont explicitement reliées. Seule cette connexion est capable de boucler correctement et durablement un territoire. De même, seule une histoire professionnelle partagée par tous est susceptible de créer des liens véritables et de consolider une organisation de petite ou de grande taille.

Les managers n'attachent pas suffisamment d'importance au fait culturel qui agit dans les tréfonds de l'organisation. Toute famille d'organisation, qu'elle soit tribale, mécaniste, mercenaire ou auto-organisée, offre une sorte de *bain d'histoire et de culture* à ses collaborateurs, lesquels, durablement immergés, vont en adopter les principales valeurs.

Dans son effort de performance, le management se doit donc de restaurer le champ culturel de l'entreprise.

Qu'est-ce que la culture? La culture marque l'esprit individuel dans sa façon de comprendre le monde et d'agir. C'est l'empreinte donnée par l'éducation et l'environnement. Dans une entreprise, la culture se construit sur la base de l'histoire originelle, du mythe fondateur qui a inspiré les créateurs, des produits emblématiques, des valeurs sous-jacentes au métier, des modes d'organisation et des pratiques de management. Ensuite, elle se nourrit de la série de faits d'armes, de petits et grands événements, de succès et d'échecs partagés. La culture est le socle de références communes que le manager doit animer pour souder les salariés et étendre la surface d'intersection entre l'institution et son corps social. Il aura pour cela à cœur de célébrer les événements importants, tel l'anniversaire du lancement d'un produit phare de la société. Car une célébration aimable et sans ostentation donne l'occasion de partager des valeurs, de développer une identité et une culture et d'accroître le rayonnement de l'entreprise.

Adoptez
une «stratégie de bord de damier»

Au jeu d'échecs, la partie se joue dans les limites imposées par l'échiquier, comme un tournoi courtois circonscrit par les murs d'enceinte d'un château féodal. Au jeu de go, le concept de bord dépasse la *signification spatiale*. Il s'enrichit considérablement à plus d'un titre, faisant du bord un principe stratégique capital, notamment en début de partie, lors du fuseki.

Par analogie, les bords sont tour à tour considérés comme représentant dans l'entreprise :

* le grand nombre, le multiple (l'ensemble des salariés) ;
* l'interface entre le dedans et le dehors (les clients, le marché...).

Jouez avec le plus grand nombre

Métaphoriquement, les 19 points du bord du damier représentent le multiple, la masse. La démocratie est un jeu de bord de damier puisqu'elle tire sa force du plus grand nombre, en s'adossant aux valeurs universelles des droits de l'homme.

Pour une entreprise, le bord du damier est incarné par le corps social et les valeurs partagées par le plus grand nombre… En matière de management, le bord constitue l'espace où règne *la plus grande masse d'individus* caractérisés par leur faible implication dans la vie de l'entreprise. La sociodynamique les a identifiés sous le nom de *sociopassifs*.

Précisons : face à un événement déterminé ou à l'attitude d'un autre acteur, le sociopassif réplique par une prise de distance, un regard neutre semi-indifférent, une acceptation passive, voire une soumission par défaut. Cette attitude ne suspend pas le jugement, mais le relativise, le contraint à la discrétion, lui ôte son efficacité pratique : «Si mon chef se trompe, c'est son affaire.» Le sociopassif est plus spectateur qu'acteur, plus amateur de signes que de significations, ni *pour* l'action, ni *contre* : pas d'initiative positive en faveur de l'événement, pas davantage de résistance, plutôt de l'attentisme circonstanciel paisible et une propension à profiter des bonnes occasions. Mais qu'on ne s'y trompe pas, le sociopassif n'est pas un psychopassif et, face à un autre événement, il peut s'engager bel et bien à tout instant.

L'intérêt que le manager doit porter aux sociopassifs tient à leur *pouvoir de masse* toujours considérable dans la plupart des organisations. Ils peuvent représenter entre 20 % et 80 % de l'effectif global. Par conséquent, quelles que soient les situations, un manager a de fortes chances de devoir opérer avec 50 % de sociopassifs! Réserve quasi inépuisable d'énergie sociale disponible, cette masse constitue l'enjeu décisif de toutes les actions collectives. Qu'elle roule tant soit peu vers la contestation ou qu'elle gravisse légèrement les degrés de la coopération, la performance globale de l'organisation s'en trouve modifiée.

Les sociopassifs, parce que nombreux, assurent plusieurs fonctions importantes :

* comme la quille d'un bateau ou le fret arrimé au fond de la cale, ils abaissent le centre de gravité de l'organisation et assurent la stabilité ;

- ils constituent une formidable masse d'énergie disponible pour une action nouvelle bien menée.

Bref, prendre appui sur le bord du damier, c'est jouer le nombre, la masse, le corps social, c'est miser sur une implication à terme de tout le personnel dans le dessein.

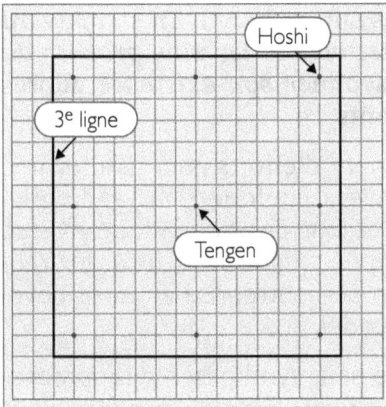

Le centre du dammier symbolise le centre de l'univers, le Tengen dans notre propos. Il symbolise l'Institution.
Au jeu de go, qui tient les bords (3e et 4e lignes), tient le centre.

Appuyez-vous sur le management de proximité

Comment procéder? La consigne est claire : *tenir les bords à partir de la troisième ligne! Là, se positionne le management de proximité*, ces agents de maîtrise et ces cadres qui se situent au plus près de la grande majorité des salariés.

On a trop négligé cette troisième ligne qui représente la hiérarchie intermédiaire, celle des responsables de proximité en prise avec le terrain : chef d'équipe fonctionnelle, directeur de magasin, d'agence bancaire, d'usine, de filiale... Placés à l'interface entre les préoccupations personnelles des salariés

59

et les intérêts économiques de l'entreprise, ils assurent en permanence dans les deux sens une représentation crédible, une médiation utile, une autorité indispensable. Du reste, les organisations syndicales ayant pris conscience du rôle capital joué par la troisième ligne cherchent à la contrôler.

La stratégie du management va donc consister, pierre après pierre, à réinvestir cette troisième ligne afin de constituer de nombreux territoires arrimés sur les bords. *En s'appuyant sur la ligne hiérarchique des cadres les plus proches du terrain, l'entreprise fait rayonner son existence* auprès de ses salariés et de ses clients.

On ne fera jamais suffisamment d'efforts pour assurer une formation des cadres destinée à conforter leur appropriation individuelle du dessein et leur désir de le faire exister. Le mieux, c'est qu'ils participent régulièrement à des réunions où s'élabore le dessein de l'entreprise et où se développe leur engagement personnel.

Si jouer sur la troisième ligne peut symboliser le rapprochement vers les hommes du terrain, la quatrième ligne peut signifier l'extension vers le centre. Se pose ici la question du *mode de gouvernance de la relation siège-terrain*. La comparaison entre échecs et go nous est tout particulièrement utile, parce qu'elle permet d'éclairer la dialectique du Un et du Multiple : les échecs font *le jeu du Un* puisque seul le Roi fonde l'existence du joueur ; le go est *le jeu du Multiple* puisque c'est l'espace maîtrisé par les pierres qui fonde l'existence du joueur. Par analogie, la comparaison s'applique entre un management d'entreprise centralisée où le siège est tout-puissant et un management d'entreprise décentralisée qui construit sa puissance sur la capacité d'initiative de ses équipes sur le terrain.

Les unités locales, bien entendu, n'ont de raison d'être que par rapport au *centre,* support du droit et décideur final. *Si*

*l'unité d'action voulue par la direction vient à manquer, l'orga-
nisation se disloque.* Mais, d'un autre côté, *le centre est peu
de chose sans la périphérie.* On comprend l'intérêt pour le
centre (et pour tous ceux qui disent parler en son nom)
d'accroître sa mainmise sur la périphérie, ce qui est long-
temps apparu comme une recette universelle d'efficacité...
Mais le risque d'impérialisme est grand, car tout centre se
prend pour le cercle, tout centre se prend pour le centre de
tous les cercles, tout centre tend à renforcer indéfiniment
son pouvoir et son influence au détriment de la périphérie,
tout centre tend à devenir opaque pour les hommes qui siè-
gent à la périphérie. Corollaire : toute périphérie tend à se
marginaliser et les hommes à devenir sociopassifs.

**Bref, tout ce qu'un regroupement au centre gagne en
sécurité et en économie d'échelle est perdu à la périphérie en implication des acteurs.**

Par conséquent, il s'agit d'obtenir une forte implication de la
périphérie dans les visées du centre et, en retour, un fort enrichissement du centre par la périphérie. Pour cela, le management créera sur le bord du damier (service fonctionnel, usine,
agence, point de vente, filiale...) des organisations locales,
riches en compétences managériales, hautement réactives et
performantes. Comment? En évitant de multiplier les consignes, les programmes et les procédures qui agissent de haut
en bas, du centre vers la périphérie. Préférez, si possible,
l'élan d'un dessein qui suscite un mouvement ascensionnel.
Décentralisez les moyens, recentrez la culture.

Profitez de l'interface entre le dedans et le dehors

Le bord assure aussi la fonction d'interface entre le dedans
et le dehors. Cette seconde application de la stratégie de
bord de damier concerne la relation capitale que le *dedans*
de votre entreprise entretient avec son *dehors*. Il s'agit non

seulement de sa survie, mais de sa vie tout court. «Ce n'est pas l'employeur qui paie les salaires, c'est le client» (Henry Ford). Le plus souvent, le nombre des clients dépasse largement celui des salariés.

Il est aisé de comprendre que, d'un bord à l'autre, le damier représente une image adéquate du dedans. «Au-delà des bords», si l'on peut dire, siège une infinité d'intersections aussi réelles que celles du dedans. Donc, face au dedans en quête de sa propre unité, le dehors représente le monde infini et mouvant des clients, des fournisseurs, des médias, des actionnaires, de l'administration fiscale. Il constitue le désordre extérieur où dominent le multiple, la diversité, la richesse...

S'appuyer sur le bord du damier, c'est prendre des options et ouvrir des territoires sur un marché instable, c'est anticiper les évolutions extérieures, tirer le meilleur profit des richesses économiques, sociales, professionnelles de l'environnement.

Deux règles capitales militent pour l'ouverture de l'entreprise :

1. Plus grande est la *surface d'échange* entre le dedans et le dehors, mieux l'organisation est capable de mobiliser son dedans par le dehors.

2. Plus le niveau d'autonomie d'une organisation est élevé, plus elle est capable de maîtriser le dehors par son dedans.

Pour chaque acteur, à son niveau, cette autonomie se traduit par une réaction plus grande en temps réel aux événements extérieurs et ce, en harmonie avec le dessein. Pratiquement, il s'agit de faire en sorte que chaque collaborateur de l'organisation – de la secrétaire au directeur général, de la caissière au directeur d'hypermarché, de l'opérateur au directeur d'usine, du commercial au directeur régional des ventes... – soit en relation permanente avec le dedans et le dehors.

Suscitez des liens
et des comportements
de coopération

Un homme seul (fût-il le chef) et une administration (fût-elle omniprésente) ne suffisent pas à faire avancer les choses et, *a fortiori*, à les transformer.

Par les temps qui courent, un chef isolé et un tantinet autoritaire a de moins en moins de chances de faire progresser un dessein collectif, voire le sien propre. Le grand défi du management aujourd'hui consiste à susciter partout des chaînes de coopération, seules susceptibles de construire des territoires durables. Le développement de la qualité, la mise en place d'un nouveau système informatique, l'ouverture d'un nouveau magasin, le lancement d'une nouvelle gamme de produits... la réussite de tels chantiers résulte moins des travaux entrepris – à l'écart! – par les services fonctionnels spécialisés, que d'une chaîne de coopération qui intègre autant les experts que les agents d'exécution et les utilisateurs.

Au go, une pierre, en se connectant à une pierre amie, gagne la force du groupe des pierres reliées...

Voilà qui apporte de l'eau au moulin du management. Le go fait évoluer nos formes mentales et nos pratiques relationnelles. Il imprime dans nos esprits que, si chaque pierre est identique à toutes les autres, chacune d'elles porte le dessein du joueur et lui donne forme en se reliant les unes aux autres. Il nous fait comprendre le cercle vertueux du partage et de l'ouverture à l'autre, et que toute action gagne en performance dès lors qu'un plus grand nombre d'acteurs et d'événements participent à la chaîne de coopération. **Le jeu nous suggère de prendre l'initiative dans la création de liens et de passer du «je coopère si l'autre coopère» au «je coopère pour que l'autre coopère»**[1].

Coordination, collaboration, coopération

Si ces vocables qualifient tous trois le «faire ensemble», ils n'en donnent pourtant pas la même définition. Le petit exercice d'étymologie suivant met en lumière les différences d'acceptation et, ce faisant, fixe les idées sur ce qu'apporte la coopération.

---

1. Vincent Lenhardt, *Les responsables porteurs de sens*, Insep Editions, 2002.

BIEN TRAVAILLER ENSEMBLE

- **La coordination** (du latin *ordinatio*, mise en ordre) est une opération factuelle et objective destinée à organiser des tâches, des étapes et, d'une certaine façon, à éviter la pagaille. Elle met en ordre un ensemble d'éléments en vue d'obtenir un résultat et demande à chacun de se plier à une directive.

- **La collaboration** (du latin «travailler avec») définit le travail avec l'autre, avec les autres, sur un même sujet. C'est un *avec* rationnel, mécanique, qui se développe sans que la relation ne soit nécessairement incarnée. D'ailleurs, la notion de collaboratif désigne aujourd'hui toute une panoplie d'outils informatiques de réseaux, conçus et promus par la génération Internet. Le collaboratif fait avec mais ne cherche pas le regard de l'autre.

- **La coopération** comme la collaboration, vient du latin «travailler avec», mais l'accent est mis sur l'œuvre collective (*opus, opera*), sur le dépassement de soi et sur l'idée d'aller au-delà du seul travail résultant de l'effort. C'est donc faire accepter à chacun de perdre un peu de son autonomie afin que le groupe et son projet existent avec plus de force.

Coordination, collaboration, coopération… trois conceptions du travail que l'histoire des tailleurs de pierre distingue parfaitement. Sur un chantier, ils s'activent, avec leur ciseau et leur masse. Un visiteur leur demande ce qu'ils font. Le premier lui répond: «je taille la pierre», le second: «je participe à la construction d'un mur» et, enfin, le troisième lui confie: «nous édifions une cathédrale». Voilà une parfaite illustration de la conscience qu'a chacun de sa contribution à l'œuvre commune.
La coopération fait le lien avec l'œuvre mais également avec les autres.

La coopération est créatrice de richesse. Il est bon que chaque entreprise ait conscience de son mode d'exercice du «faire ensemble»

Car la coopération peut devenir un actif immatériel aussi puissant que la marque ou la réputation d'une entreprise. Mais si la coopération a le vent en poupe dans le discours des entreprises, les pratiques restent marquées par la compétition et l'individualisme. Le «diviser pour mieux régner» garde le pas sur le «relier pour exister», promu par le jeu de go.

La coopération nécessite de surmonter les obstacles de l'individualisme et, surtout, de dépasser le mode d'existence qui s'exprime par opposition à l'autre. La coordination, dont les règles d'ordonnancement placent les individus et les choses à leur juste place, n'est pas gênée par l'individualisme. La collaboration est rendue possible dès l'instant où est démontré l'intérêt à travailler ensemble. La coopération, quant à elle, est conditionnée par l'envie ; le rôle du management est alors capital pour bâtir le socle propice à la motivation, montrer le sens et entretenir la flamme. Ainsi, le management pourra transformer la somme des compétences des collaborateurs en produit, c'est-à-dire multiplier la richesse des acteurs au lieu de simplement l'additionner.

La coopération s'avère encore plus nécessaire dès qu'il s'agit de *réforme,* de *transformation* et de *restructuration* touchant les piliers de l'organisation. Pour conduire les hommes dans un programme de transformation, il faut prendre le temps de partager le dessein : où veut-on aller, quelles sont les valeurs qui vont nous aider à nous mettre en mouvement ? Le sentiment de savoir où l'on va (même si l'horizon reste flou) donne confiance. Quand le sens et les valeurs sont partagés, l'ensemble de l'entreprise est animé des mêmes intentions et, par conséquent, sur le terrain, les comportements s'ajustent naturellement. C'est l'idée que défend l'auto-organisation[1] : grâce à l'unité d'appartenance, les individus se sentent reliés et portés par le même dessein et les mêmes valeurs, la coopération devient possible.

Mais les entreprises n'installent pas toujours des organisations favorisant une culture de coopération. Il existe parfois une forte dissension entre des intentions affichées de coopération, dite créatrice de richesse, et des modes d'organisation, de management et de rétribution qui ne la favorisent ou ne la catalysent pas. Par exemple, **cherher à impulser un mouvement collectif alors que les évaluations de fin d'année sont majoritairement individuelles provoque une perte de sens. Les cadres français et occidentaux souffrent aujourd'hui de ce type d'injonction paradoxale.**

La plupart du temps, la «coopération» relève du *politiquement correct,* il ne s'agit que d'un mot et non d'une intention véritable. Le non-intérêt de coopérer y est supérieur à l'intérêt de coopérer. Il faut se poser les bonnes questions sur la capacité des individus : peuvent-ils coopérer, ont-ils intérêt à coopérer, savent-ils le faire, en ont-ils envie? Si la coopération est créatrice de valeur, comment évaluer alors les efforts et les récompenser? Comment l'entreprise peut-elle rémunérer la réussite collective et la coopération au quotidien, au-delà des mesures classiques d'intéressement? Il reste beaucoup de chemin à parcourir.

Veiller à ce que le jeu commun soit plus fort que la somme des jeux personnels est un enjeu clé du management aujourd'hui. Or, la coopération n'est pas si simple. Le monde occidental vit dans un cycle d'individualisme fort et n'est guère disposé à la coopération. Pourtant, c'est un véritable gisement de richesse pour l'entreprise de demain,

---

1. Jean-Christian Fauvet, *L'élan sociodynamique,* en collaboration avec Kea&Partners, Éditions d'Organisation, 2004.

composé à la fois de capital intellectuel et relationnel. Et, dans les dix ans à venir, l'économie occidentale reposera majoritairement sur le service, le savoir et l'innovation... Notre énergie de demain, notre véritable matière première, ce n'est pas seulement la matière grise, mais également la capacité des matières grises à interagir entre elles et à créer de la relation.

Cette disposition à tout relier est le prérequis de la coopération. Edgar Morin la nomme la *reliance*; il précise que «la reliance n'est pas seulement complémentaire à l'individualisme, elle est aussi la réponse aux inquiétudes, incertitudes et angoisses de la vie individuelle. [...] Nous avons besoin de reliance parce que nous sommes dans l'aventure inconnue. [...] La reliance est un impératif éthique primordial, qui commande les autres impératifs à l'égard d'autrui, de la communauté, de la société, de l'humanité[1].»

Il s'agit de relier, connecter, créer des liens pour faire émerger et vivre le dessein

Catherine Chouard, directrice des ressources humaines d'un grand groupe de services, le confirme : «Après avoir connu un certain nombre d'acquisitions et une période de croissance rapide, le groupe a été coté en Bourse. Nous nous sommes alors aperçus que l'exigence financière qui pesait sur l'entreprise devait être contrebalancée par un élan interne d'appartenance. De ce fait, nous avons organisé un travail de groupe ouvert, non directif, pour faire émerger les valeurs de l'entreprise. Nous avons vu surgir un certain nombre de mots-clés sur lesquels les collaborateurs se sont exprimés et qu'ils se sont ainsi appropriés. Devenues des points de repère utiles au quotidien, les valeurs vivent, se

---

1. Edgar Morin, *Éthique, la méthode 6*, Seuil, 2004, p. 114.

transmettent, se respectent ou ne se respectent pas. La communication ne passe pas que par la lettre, parce que cela paraît dogmatique, imposé : les valeurs sont vécues à travers des moments clés comme les stages d'intégration ou les prises de fonction. Elles se transmettent par la relation de travail entre collègues ou avec le responsable hiérarchique.»[1]

L'écoute est la pièce maîtresse de construction du lien. Un bon manager sait instaurer un travail d'équipe dans lequel chacun se sent écouté et inclus. L'écoute active éveille et cultive l'intuition; elle donne accès à la représentation que l'autre se fait du monde. Par l'écoute active de ses collaborateurs, le manager peut appréhender une multitude de *damiers intérieurs*. Ainsi, il crée et maintient le lien, développe l'extension relationnelle, libère la créativité, tout en augmentant sa propre surface d'influence et d'action. Le management doit redonner du sens et de la méthode à l'écoute. **Il ne s'agit pas de multiplier les enquêtes ou d'enrichir indéfiniment les techniques de communication, mais de développer un *processus de pensée* différent qui ouvre l'esprit du manager à la culture et aux valeurs de l'autre**. Ce dispositif nourrit l'empathie et instaure de nouveaux champs de collaboration. Il est la matière première de la reliance et de la coopération.

---

1. Extrait d'une intervention de Catherine Chouard, DRH du groupe Elior, dans l'émission *Du grain à moudre*, France Culture, 30 août 2007.

TRAVAILLER À BIEN MANAGER

Les mots qu'utilise Edgar Morin pour définir le « travailler à bien penser »[1] s'appliquent à l'exigence de « travailler à bien manager » dont le jeu de go se fait l'allégorie. Ils dessinent le portrait, encore lointain et idéal, du manager joueur de go, qui :

- relie, décloisonne ;
- dispose d'une approche pour traiter la complexité ;
- fait preuve de discernement et lutte contre les amalgames ;
- reconnaît la multiplicité dans l'unité, l'unité dans la multiplicité ;
- crée des connexions intelligentes ;
- fait le lien entre le passé, le présent et le futur ;
- n'oublie pas l'urgence de l'essentiel ;
- intègre le calcul et la quantification dans ses moyens de connaissance ;
- conçoit une rationalité ouverte à l'intuition ;
- reconnaît et affronte incertitudes et contradictions ;
- conçoit l'autonomie et pense à l'autonomie de ses collaborateurs ;
- opère en tenant compte de la relation local-global ;
- s'efforce de concevoir les solidarités entre les éléments d'un tout et tend à susciter une conscience de solidarité ;
- reconnaît la puissance d'aveuglement ou d'illusion de l'esprit humain et lutte contre les déformations de la mémoire, les oublis sélectifs, l'auto-justification.

---

2. Edgar Morin, *Éthique, la méthode 6, op. cit.*, pp. 64-65.

Construisez vos territoires, ces formes accomplies de votre dessein

Vous avez bien entendu noté que le but du jeu de go consiste à construire des territoires. Le joueur d'échecs, pour sa part, vise à détruire les forces de l'adversaire et à s'emparer du pouvoir par élimination. Un joueur de go prend le pouvoir en faisant naître des territoires. Il donne vie à l'espace tout en limitant l'espace que l'autre utilise pour vivre. **Il ne se propose pas d'anéantir l'adversaire : à la destruction, il préfère l'édification de soi sur les flancs de l'autre joueur.** C'est une stratégie de la vie : *l'existence, l'autonomie, les degrés de liberté constituent l'essence même du jeu.*

Rappelons qu'*exister* (de *ex :* hors de, et *sistere :* se tenir) signifie sortir de son être, se tenir debout, être tendu vers un but, avoir de la consistance dans les relations. Par conséquent, le but du jeu ne consiste pas, comme aux échecs, à rechercher la mort de l'autre (le mat), mais à *coexister fortement avec l'autre.* L'échiquier anticipe le récit d'une bataille; le go-ban rend possible la recherche d'une coexistence musclée de deux desseins. Le vainqueur – car le but est de gagner! – est celui qui est parvenu à exister plus que l'autre.

71

Le territoire n'est pas un simple espace géographique

Le jeu de go est un travail d'édification du dessein. Le territoire lui donne une forme (plutôt belle) en l'adossant aux forces adverses. Dans ce travail de conquête, l'adversaire est respecté. La partie tend à un *équilibre esthétique* des territoires sur le go-ban, voire à une harmonie globale du monde. **Le territoire est un espace de *libertés actives*, apparemment *clos* sur lui-même et pourtant *ouvert*.**

Qu'est-ce qu'un «territoire vivant» dans une entreprise? Un groupe d'acteurs qui s'est approprié le dessein de l'entreprise; chacun l'a intériorisé et le fait vivre au quotidien à travers un ensemble d'actions consistantes. Le mode d'interaction (entre les membres du groupe et le reste de l'entreprise) est clair :

- le sens est partagé, chacun sait ce pour quoi il travaille;
- le cadre de l'action et les règles sont définis;
- chacun à son niveau dispose de degrés de liberté.

Le désir de coopération existe; afin de servir un même dessein, chacun a le souci de créer des liens avec les autres et entre les actions.

Pratiquement, au jeu de go, un groupe de pierres acquiert son statut de territoire autonome dès qu'il a *deux yeux*[1], soit deux intersections ou *degrés de liberté indépendants*. La pratique du jeu montre que ces portes de vie, réduites à deux, ne peuvent en aucun cas être contiguës, sous peine d'être occupées par l'autre joueur. Dans cette hypothèse, les portes étant obstruées, votre territoire est détruit. En revanche, si ces portes de vie sont *séparées* par l'une de vos pierres, il devient judicieux de les comparer à ces fameux «yeux» du go qui observent imperturbablement... le fond infini du

---

1. Annexe 2, «Le jeu de go en quelques règles».

damier. Le territoire est alors imprenable : il existe par lui-même, il est indépendant de l'extérieur et «respire» malgré l'encerclement. Il est indestructible, autonome et membre à part entière de l'ensemble des autres territoires.

À l'inverse, s'il n'y a plus de vide, le territoire ne vit plus. Si vous jouez des pierres inutiles par souci de consolidation, vous vous privez de degrés de liberté. De même, dans l'entreprise, si les structures sont trop lourdes, contrôlées à l'excès, l'initiative est étouffée. Il s'agit de trouver le juste équilibre entre autonomie et contrôle.

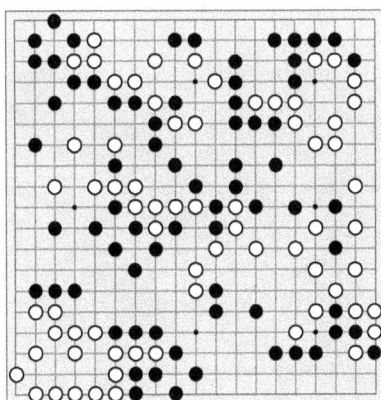

Faites de votre organisation un archipel et non une île

Toutes les pierres éparses connectées peu à peu participent à l'émergence de territoires dotés de propriétés nouvelles, autres que celles des pierres qui les constituent. Envisagez maintenant votre entreprise sous cet angle : elle est née d'une connexion active de «pierres-décisions», de «pierres-événements» et de «pierres-hommes» qui ont permis peu à peu l'émergence de territoires auto-organisés et la construction d'une organisation globale hautement performante. Pour faciliter l'apparition de ce phénomène de «changement d'état», il convient de partir des structures les plus petites, comme nous l'enseignent les lois de la nature.

Fractionnez vos territoires

Voilà une recommandation de bon sens. Vous ambitionnez de construire un grand territoire. Pour cela vous dispersez largement vos pierres noires sur une aile du damier ou au centre. Puis, consciencieusement, vous vous employez à les connecter. L'affaire est dans le sac? Non, bien sûr. Les blancs, s'ils ne l'ont pas déjà fait, vont infiltrer le territoire, le grignoter de l'intérieur et le fractionner sans pitié. Au pire, il ne vous restera même pas les *deux yeux* (libertés de vie) dont tout territoire a besoin pour exister. Au mieux, vous parviendrez à constituer un petit ou moyen territoire, résidu d'une ambition trop grande.

Il en va de même dans l'entreprise et les États où les trop grands territoires sont difficiles à gérer. L'administration y est lourde, les relations entre les hommes lointaines, le management autoritaire, et, par voie de conséquence, les salariés, ou citoyens de ces structures, sont enclins à devenir ou des sociopassifs ou des contestataires et opposants.

Si l'entreprise construit des structures trop grandes, où les individus ne se sentent pas reliés entre eux, où l'action collective perd de son sens, le *sentiment d'appartenance* s'affaiblit et l'intrusion d'un tiers mal intentionné est facilitée.

En matière de structures et d'organisation, fractionner les territoires consiste à mailler l'entreprise en unités d'appartenance interactives. Pensé comme une *unité d'appartenance*[1], le territoire se définit alors comme une communauté d'individus partageant des valeurs rattachées au dessein de l'entreprise, suffisamment grande pour exister et suffisamment petite pour que les interactions relationnelles soient vivantes et que l'émergence d'un fort sentiment d'appartenance soit rendue possible. D'une façon générale, les salariés d'une entreprise sont plus sensibles aux valeurs défendues par leur équipe, leur service, leur site, leur filiale que par celles promues, au loin, par le siège.

Le manager à la tête de l'unité d'appartenance a pour rôle d'assurer en permanence la cohésion du groupe, de développer les capacités d'initiative et d'ouverture aux autres, de veiller à relier son unité d'appartenance au reste de l'entreprise.

---

1. Jean-Christian Fauvet, *L'élan sociodynamique, op. cit.*, p. 237.

Saint-Gobain tire une partie de sa performance économique et sociale du fait que les 180 000 salariés du groupe sont répartis en près de 1 200 sociétés.

Les unités d'appartenance favorisent la proximité relationnelle et le développement de la *relation d'or*[1] : un état de confiance et de respect réciproques, de critique maîtrisée, conforté par un rapport de pouvoirs quasi équivalents. Cette relation d'or est difficile à installer dans des structures trop vastes et hiérarchisées.

Développez l'auto-organisation

Un territoire imprenable semble fonctionner pour son compte; il est auto-actif, mais, pour donner forme au dessein du joueur, il est aussi solidaire de tous les autres territoires. Il en va ainsi d'un magasin d'une chaîne de distribution travaillant pour son propre compte, tout en respectant, soutenant et développant les méthodes de travail et les valeurs de l'ensemble du groupe.

Tous les territoires – grands ou petits, plus ou moins entrelacés – donnent forme au dessein de l'entreprise. Tout le monde connaît la propriété des *hologrammes* (de *holos*, entier) de restituer des images en relief. Mais savons-nous tirer toutes les conséquences de cette autre propriété de l'hologramme : *n'importe laquelle de ses parties porte l'image du tout?* Si nous brisons un hologramme et éclairons n'importe lequel de ses morceaux, qu'observons-vous? Chaque fragment redonne une image de l'ensemble. Au sens fort, l'*holomorphisme* est donc la propriété d'un sous-ensemble de porter en lui-même la forme du tout.

---

1. Jean-Christian Fauvet, *L'élan sociodynamique, op. cit.*, p. 339.

L'holomorphisme est un phénomène remarquable au jeu de go, puisque, sur le go-ban, *chaque territoire noir et même chaque pierre noire portent le dessein noir dans son entier.* Les sports collectifs également donnent un bon exemple d'holomorphisme ; chaque joueur n'est-il pas à la fois au service du dessein de l'équipe («Marquer des buts à tout prix!») et de la stratégie vis-à-vis de l'équipe adverse («J'ai le ballon, et je sais comment jouer pour gagner»)?

Au chef statutaire d'une organisation mécaniste s'oppose ici *un responsable élu... par l'événement*! À l'extrême, le chef est celui qui a le ballon, autrement dit le mieux placé et le plus compétent pour gérer la situation. Bref, *l'acteur le plus proche de l'événement* est jugé par principe le plus capable, pour la double raison qu'il est plus au fait des vrais problèmes et qu'il joint à l'action sa ferveur pour l'intérêt global. Dans une organisation holomorphe, à décideurs multiples, chaque acteur est donc à la fois *libre* mais *enclin* à n'appliquer sa liberté que dans la ligne du projet global. N'est-ce pas très exactement la propriété de toutes les pierres d'un joueur, identiques et non hiérarchisées, placées là à dessein, apportant localement le service attendu globalement?

Ce type d'organisation (moins irréel qu'on ne l'imagine) conduit à une plus grande transparence de l'information, une meilleure réactivité aux agressions et opportunités, une plus forte participation de chaque acteur aux mesures permanentes de réorganisation, aux réflexions stratégiques, aux prises de décision ; les responsables hiérarchiques, toujours présents, jouent un rôle plus éducatif.

Les managers ont tout intérêt à *développer des îlots auto-organisés partout où c'est possible*, au niveau approprié, à coût raisonnable, mais sans exclusive.

Ces îlots sont managés par «vide contrôlé» : le chef prend de la distance, mettant provisoirement entre parenthèses

ses droits et ses pouvoirs, pour offrir de réels espaces de liberté aux autres acteurs. Jouer dans les vides laissés par l'adversaire est une pratique commune du jeu de go. De même, le vide créé par un chef en retrait (mais vigilant) laisse la place à l'initiative; chacun est libre de ses actions mais enclin à ne les mettre en œuvre que dans le respect des valeurs et pour servir le dessein de l'entreprise.

Offerts spontanément ou négociés, ces espaces sont d'authentiques lieux d'initiative. Pour que ses collaborateurs s'impliquent, *le manager apprend donc à être... insuffisant*, son effacement restant adapté à chaque situation.

L'entreprise n'est plus une île

Il suffit d'observer le damier en fin de partie pour se convaincre que l'isolationnisme, l'unilatéralisme et la tendance au monopole structurel n'ont pas leur place au go. Adieu à l'entreprise qui marche au pas cadencé comme le régiment des blancs au jeu d'échecs! La pyramide des pouvoirs et des soumissions est pratiquement inversée. Depuis un demi-siècle, *l'organisation n'est plus une île*. La concurrence, la clientèle, les marchés financiers l'assaillent de tous côtés et les salariés qui la composent sont devenus autocritiques et autoactifs. Tirons de ce constat une leçon provisoire : l'entreprise pyramidale et monopolistique d'autrefois ne laisse pas seulement la place à une organisation matricielle en réseaux ou en filières; elle devient peu à peu un *archipel*!

Chaque territoire auto-organisé porteur du projet global peut être comparé à une île, mais à une île appartenant à un archipel assurant l'inspiration et la coordination générale. L'organisation en archipel n'est possible qu'à la condition d'appliquer **le principe de subsidiarité, qui stipule que l'initiative de l'action appartient au niveau responsable et compétent situé *au plus bas***. Le niveau supérieur n'intervient qu'en cas de défaillance et pour sceller les décisions importantes.

Pratiquez l'extension enveloppante, évitez de vous faire envelopper

Il n'est pas inutile de revenir sur la nécessité de privilégier votre dessein de manager. Celui-ci est en extension tous azimuts sur le damier. **Pour faire court, disons que vos pierres sont consacrées pour *deux tiers à développer votre dessein et un tiers à contenir la progression de votre adversaire.*** Deux tiers d'extension! Peut-être trois quarts! Votre élan propre vous pousse à vous affirmer d'abord, à relier vos pierres et par conséquent à ne penser aux handicaps créés par votre adversaire que... secondairement! Faites autant d'extension que vous le pouvez, l'instinct de contention revient au galop dans les moments de crise.

Pourquoi, dans la réalité, faisons-nous souvent exactement le contraire? Pourquoi sommes-nous enclins à accorder plus de temps et d'attention à nos adversaires qu'à nos alliés? Instinctivement et émotionnellement, nous sommes conduits par le jeu adverse et par conséquent amenés à perdre l'initiative, voire à consolider le territoire des opposants.

Par exemple, au cours d'une réunion du comité d'entreprise, vous êtes agressé durement par un représentant du personnel à qui, pendant deux heures, vous tentez de répliquer sans succès; pendant ce temps, un autre représentant plus coopératif demande la parole avec insistance; vous la lui refusez, préférant une confrontation sans issue à un dialogue plus fécond, porteur d'une solution fructueuse.

La stratégie des alliés

Nous retrouvons là la stratégie des alliés dont la sociodynamique s'est faite le porte-parole convaincu. Vous pouvez rarement atteindre vos objectifs tout seul, assis dans le fauteuil de votre bureau. Dans la plupart des situations de management vous devez requérir le soutien d'alliés internes (ouvriers, cadres, délégués...) ou externes (maire adjoint, banquier, journaliste, inspecteur du travail, client...). Ces alliés-là, vous en avez 181 dans votre bol de pierres noires en début de partie! Pourquoi les négliger? Pourquoi ne pas leur demander, à tout instant, de vous apporter des suggestions et de mettre leurs ressources au service du dessein que vous partagez avec eux?

La première règle simple est de *savoir identifier ses alliés*. Le go nous apprend à lire en permanence les positions de forces négatives et positives sur le damier. La sociodynamique propose une autre grille de lecture, la *carte des partenaires*, qui permet de décrypter le jeu des acteurs (voir ci-contre).

Par définition, ici, «un allié est celui qui n'est pas contre». Par conséquent sont à reconnaître comme alliés les constructifs, les alignés, les hésitants et même les 40 % ou 50 % de sociopassifs qui apparaissent sur le schéma ci-dessus ni très synergiques, ni vraiment antagonistes. Il est important de souligner que **l'alliance s'apprécie à chaque action ou événement d'importance : un individu est rarement définitivement allié ou opposant.**

82

SYNERGIE

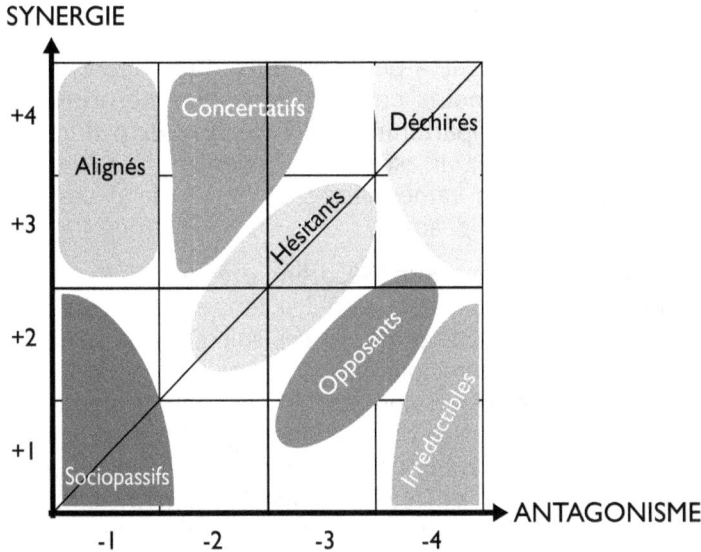

La stratégie des alliés enseigne au manager de passer deux tiers de son temps avec ses alliés et seulement un tiers avec les opposants et irréductibles. Il est donc nécessaire :

- d'accepter ses alliés comme ils sont, avec leurs humeurs, leurs critiques et même leurs attitudes passagères de rupture ;

- de les renforcer et de renforcer les liens avec eux ;

- de proposer à tout moment aux sociopassifs d'accroître leur synergie, donc leur coopération ;

- d'agir de façon que les hésitants se déterminent et se rallient durablement ;

- de réduire l'influence des opposants qui cherchent à attirer de leur côté les hésitants et les sociopassifs ;

- de se servir du front constitué par les alliés pour contenir les opposants.

83

Dans toute organisation, une *alliance privilégiée* unit le chef à l'encadrement, notamment aux responsables de proximité (la troisième ligne à partir du bord du damier), placés près des acteurs, moins engagés mais plus nombreux. Il doit être *payant* d'appartenir à l'alliance et *coûteux* d'en être exclu. Pour résumer, il est naïf de chercher à rallier des adversaires avec de vaines largesses et sot de désespérer ses alliés en les négligeant.

Si nous nous référons à Sun Tse, grand précurseur en matière de stratégie d'alliance, «la qualité des liens entre le général et ses troupes, ou entre le prince et ses sujets, est la meilleure des garanties de l'invincibilité. [...] Pour s'assurer de l'invincibilité, tâche première selon Sun Tse, le stratège s'attache à mettre en place un tissu de relations légitimes et ritualisées qui structure une armée, une entreprise ou un pays en un ensemble cohérent et réactif. Pour lui, l'invincibilité ne dépend pas prioritairement de l'accumulation de moyens physiques offensifs et défensifs, mais de la confiance qui unit un pouvoir, reconnu comme juste et légitime, avec ses sujets ou ses administrés. Faute de quoi, celui qui prétend détenir la force n'est en définitive, selon l'expression de Mao Tsé-toung, qu'un tigre en papier : il a toutes les apparences de la force du tigre, mais sa réalité est aussi vulnérable que le papier que l'on froisse, déchire ou brûle aisément[1].» Autrement dit : pas de dessein, pas d'alliés.

---

1. Pierre Fayard, *Comprendre et appliquer Sun Tzu*, Dunod, 2004.

QUAND L'ENTREPRISE JOUE AU GO

Une entreprise est engagée depuis 2003 dans le projet Cap 2010. Ce projet ambitieux, représentant un investissement de plusieurs milliards d'euros, vise une transformation en profondeur dont le plein aboutissement est prévu pour 2010. Nous montrons ci-dessous en quoi il constitue une remarquable illustration des sept principes du jeu de go.

1. Formez un dessein

Plus qu'un simple projet, Cap 2010 apporte une vision globale de l'entreprise de demain. L'ambition est clairement affichée : devenir l'acteur européen de référence sur le marché.

La direction a pris la peine de formaliser ce dessein dans un document de quelques pages explicitant à la fois le pourquoi du projet, nécessaire adaptation à un marché en pleine mutation, et son comment. Mieux, elle a engagé une vaste démarche de dialogue au sein du management, autour des idées forces du dessein. Tous les managers ont été ou vont être impliqués dans cette démarche.

Ainsi le dessein existe, il est formulé et en voie d'être partagé.

2. Jalonnez, voyez loin, existez partout

Le projet est présent sur tous les « damiers » de l'entreprise : économique (progrès de la performance), social (amélioration du dialogue, des parcours professionnels et de la vie au travail), client (accroissement de la qualité et services à valeur ajoutée), technologique

(développement de l'automatisation), organisation-
nel (refonte du réseau et de la logistique). Aucun
sujet majeur n'échappe à ce vaste programme de
transformation.

Par ailleurs, l'organisation évolue par la conduite de
nombreuses actions, certaines de grande ampleur
(comme la création d'une plate-forme industrielle),
d'autres ponctuelles, modestes, menées localement.
Chacune de ces actions constitue une «pierre» qui
contribue à construire progressivement le réseau de
demain, comme se construisent insensiblement les
territoires au cours d'une partie de go.

3. Connectez, connectez, connectez

La multitude d'actions à conduire dans tous les
domaines et en tous lieux pour faire réussir ce grand
projet conduit à un foisonnement d'initiatives. Il est
essentiel de s'assurer que toutes concourent à la
réussite du projet. La direction veille donc à la cohérence globale, chacun de ses membres étant personnellement responsable d'un volet du projet. De plus,
les initiatives locales d'organisation, dès lors qu'elles
peuvent avoir une incidence sur la cible globale, font
l'objet d'un examen par une structure de décision *ad
hoc*, qui veille à prévenir toute «déconnexion» malen-
contreuse.

4. Ménagez-vous des degrés de liberté

Pas d'annonce à grand spectacle de la future organisation, certes susceptible de mettre de l'emphase,
mais aussi de cristalliser les critiques et oppositions
de toute sorte. Au contraire, l'information sur les
événements liés à la transformation est savamment
distillée, par des annonces successives et rythmées.

Cette tactique, qui répond à une volonté de concertation avec tous les acteurs, permet de garder la main
et de tenir compte des réactions suscitées par chaque
annonce pour préparer la suite.

5. Appuyez-vous sur les bords du damier

Les bords du damier, c'est d'abord l'encadrement de
proximité. Il fait l'objet d'une attention soutenue de
la part des dirigeants, notamment à travers une
opération qui vise à renforcer les responsabilités et la
capacité managériale des patrons des établissements
de terrain. L'objectif est que chacun d'eux soit le
porteur du projet auprès de ses collaborateurs.

Les bords, ce sont aussi les valeurs de consensus : le
client, le service, l'aménagement du territoire. Autant
de valeurs largement partagées par le corps social,
auxquelles le projet s'attache à donner un contenu
concret et crédible.

6. Jouez principalement en extension, accessoirement en contention

Éviter la confrontation avec les opposants, promouvoir avant toute chose son projet, développer une
stratégie d'alliés, aussi bien en interne, qu'en externe :
quelques principes que la direction met en œuvre,
tant au plan national que dans chacune de ses direc-
tions régionales.

C'est ainsi qu'un accord social historique a été signé
en 2004 par les partenaires sociaux. Même s'il n'est
pas formellement dans le projet Cap 2010, il contribue à créer les conditions favorables à son succès,
en apportant des réponses ambitieuses en matière
de politique de l'emploi. Cette attitude d'ouverture
n'empêche pas de se montrer ferme avec les opposants lorsqu'ils franchissent la ligne jaune.

7. Fractionnez les territoires

Mener un tel projet depuis le niveau national est une gageure, dans une institution de plusieurs dizaines de milliers de personnes, connaissant de fortes disparités locales. Aussi chaque directeur régional est-il chef de projet sur son périmètre de responsabilité. Il élabore et met en œuvre, avec son équipe de managers, sa propre stratégie de changement, adaptée à son contexte.

Considérez votre prise de parole comme une conquête de territoires

Diriger une réunion, prendre la parole, convaincre, emporter la décision... tout cela trouve aussi son application dans
la pratique du go. Les managers se doivent de manier l'art
du dialogue et de la communication. Et cela, sans arrogance
ni malice (et avec le sourire s'il vous plaît!) pour rendre leur
conviction plus facile à accepter par leurs interlocuteurs.

La logique de jalonnement du go s'apparente au jeu de la
dialectique qui enchaîne une suite d'arguments consistants
et difficilement réfutables.

Il s'agit pour le manager d'obtenir l'enveloppement d'un ou
plusieurs interlocuteurs par la création de *territoires argu-
mentaires* bien vivants, susceptibles de couvrir la plus grande
surface d'influence possible. Dans le cas d'un allié actuel ou
potentiel, un partage équitable de la surface argumentaire
s'impose : l'*enveloppement mutuel* a valeur de concertation.
Dans le cas d'un adversaire résolu, le partage est illusoire; il
s'agit de réduire et de morceler son espace argumentaire.
Les effets de l'enveloppement se traduisent alors par un
encerclement psychologique, une soumission à l'évidence,
une reddition mentale, voire un ralliement passif.

Un discours enveloppant se construit à partir d'arguments (... ou pierres) :

- **consistants** : arguments ayant du corps, contenant donc beaucoup d'énergie en peu de mots et des idées à la fois convaincantes (des témoignages, des faits, des chiffres) et séduisantes par leur caractère affectif (de l'émotion, du sentiment, des valeurs);

- **contrastés** : arguments ayant du relief les uns par rapport aux autres, donnant la priorité à un thème principal soutenu par des idées secondaires;

- **connectés** : arguments reliés entre eux par un cheminement logique, dont la construction apparaît de plus en plus solide;

- **convergents** : arguments s'appuyant sur des valeurs sûres (ou universelles?), de type «bord de damier», et convergeant vers le centre par des agencements successifs. La beauté et l'ampleur du dessein apparaissent peu à peu.

Rien sans contrepartie : une pierre-revendication s'oppose à une autre, des pierres-bluffs ou exigences factices s'échangent au dernier moment contre des demandes principales camouflées en demandes secondaires.

Quand la discussion tourne en rond, il faut la débloquer par un habile changement de damier

Il est bon d'opérer simultanément sur plusieurs territoires afin de créer un fond d'évidence suffisamment prégnant pour être susceptible d'engendrer un dessein commun.

Envisagez maintenant vos discussions et prises de parole sous ce nouvel angle. **L'un des grands principes du go consiste à changer de territoire lorsque vous êtes mal positionné.** Si, au cours d'une négociation, vous vous apercevez que votre interlocuteur possède un pouvoir réglementaire supérieur au vôtre, ne jouez pas sur ce terrain juridique mais sur celui où vous disposez de plus de liberté pour construire un espace d'influence. Bien entendu, vous avez sans doute intérêt à jouer un peu sur tous les fronts : les joueurs de go nous expliquent qu'*il faut jouer partout, même légèrement*, ce qui revient à disposer des pierres sur le damier argumentaire... en attente d'une opportunité.

Il est impressionnant de constater le haut niveau de sophistication auquel sont parvenus les négociateurs, commerçants, diplomates, syndicalistes, hommes politiques ou hommes d'affaires... pour exceller dans l'art de la manœuvre argumentaire. Leur savoir-faire relève, pour une part, de *la théorie des jeux* dans laquelle chaque acteur, se croyant purement rationnel et agissant dans son propre intérêt, cherche à maximiser ses gains vis-à-vis d'un autre acteur censé agir selon la même logique. Pour cela, il intègre dans sa stratégie les effets de celle que l'autre est supposé utiliser contre lui, lequel à son tour... etc. D'où l'intérêt pour chacun des joueurs de masquer ses véritables objectifs et de donner des informations judicieusement biaisées sur ses intentions stratégiques. Ainsi, le jeu transactionnel devient rapidement un jeu d'ombres dans lequel l'action mutuelle finit par être articulée sur une double représentation mentale, dont la première porte sur l'idée qu'on se fait de son propre intérêt et la seconde sur celle que chacun se fait du jeu de l'autre. En milieu de partie, durant le *chuban*, les deux joueurs de go adoptent naturellement cette attitude.

Sachez abandonner
les causes perdues
et garder l'initiative

La pensée asiatique, telle que la caractérise le philosophe sinologue François Jullien, est une pensée du mouvement. Le sage est un personnage de référence qui observe, avec humilité, la nature et ses évolutions, et recherche l'équilibre et l'harmonie. La culture occidentale est, quant à elle, marquée par la mythologie grecque et son culte du héros, et par la Bible et sa quête de l'absolu. Cette empreinte psychique marque en filigrane les références, modes de pensée et comportements du monde occidental. Le dogmatisme en est l'expression la plus exacerbée.

Méfions-nous de ce qui nous enferme dans une représentation figée du monde et nous empêche de considérer l'environnement de manière vivante. Évitons les pièges psychologiques et cognitifs où nos décisions sont dictées non par la recherche de l'action la plus efficace mais par la focalisation sur une démarche préconçue qui évince pour partie l'analyse de la situation.

Des pierres perdues... bien tentantes

Le jeu de go nous donne de nombreuses illustrations de situations d'enfermement, lorsque des pierres sont déjà perdues sans que le joueur en prenne conscience. L'adversaire ne les a pas encore capturées, mais elles ne peuvent être sauvées. S'obstiner n'apporte rien, si ce n'est conforter la situation de l'adversaire, qui renforce tranquillement sa position à chaque nouveau coup.

Un bon exemple de ce genre de situation est le *shicho* (ou échelle), présenté dans le schéma ci-dessous. Dès le premier coup de noir (figure 1), la pierre blanche (x) est perdue. Si blanc cherche à la sauver en faisant une chaîne (figure 2), il ne fait qu'aggraver son cas : blanc se retrouve finalement acculé au bord du damier, et noir capture toute sa chaîne (figure 3).

Figure I	Figure 2	Figure 3
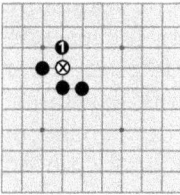	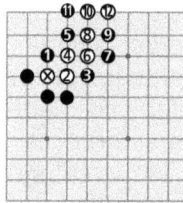	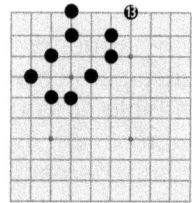

Cette séquence est immuable, et la situation obtenue est très bonne pour noir. Blanc a perdu l'initiative, ne jouant plus qu'en réaction. Il s'est laissé enfermer dans sa représentation de la partie, qui est ici de s'opposer au dessein de noir, en dépit de toute observation objective de la situation et en oubliant ses propres objectifs.

Ainsi, le jeu de go nous aide à développer le discernement (du latin *discernere*, «séparer, distinguer»). Il nous sensibilise aux méfaits de l'entêtement et de l'obsession et nous apprend les vertus du renoncement quand c'est nécessaire. Il nous exerce à évaluer objectivement une situation :

94

renoncer à une pierre perdue; ne pas continuer à jouer si elle est déjà gagnée; jouer si son statut n'est pas encore déterminé et qu'il s'agit de s'assurer une victoire locale.

Être dans le mouvement et garder l'initiative

Le jeu de go nous apprend donc à prendre du recul : ici et maintenant, sans que je m'obnubile sur le coup que vient de jouer mon adversaire, quel est le point le plus important sur l'ensemble du damier? Quel est le coup local qui participe le mieux à la victoire globale, même si cela signifie l'abandon d'un groupe de pierres à son sort?

De même, dans le monde de l'entreprise, une décision n'a de sens qu'en fonction du contexte. Il faut considérer la meilleure action à mener «ici et maintenant». L'environnement mouvant, au sein de l'entreprise et autour d'elle, fait qu'une excellente décision il y a six mois peut être une grave erreur aujourd'hui.

Le dessein du manager joueur de go, loin d'être une représentation figée du monde, est un cap général qui oriente toutes ses actions. Fort de ce dessein, il analyse les situations en permanence, s'adapte et profite des événements. Pragmatique et sans dogmatisme, il se situe dans le mouvement.

Ayant compris le risque qu'il peut y avoir à se laisser emporter par le jeu des forces adverses, il garde l'initiative. Identifiant à chaque instant les situations où les enjeux sont les plus élevés, sans *a priori* et sans se focaliser sur le jeu des forces contraires, il pourra voir plus loin, prendre un coup d'avance et donner réalité à son dessein – le sien et celui, plus collectif et partagé, de l'entreprise.

Acceptez le mouvement perpétuel de la vie, transformez!

Toute entreprise est soumise en permanence à une multitude d'événements internes et externes, de forces positives ou négatives qu'une équipe dirigeante doit prendre en compte pour tracer la voie et construire le programme de transformation.

Le cas des fusions est intéressant, quand il s'agit de transformer deux organisations pour en créer une autre, tout en prenant en compte des spécificités respectives parfois antinomiques. Un leader inspiré par le go, plutôt que de nier les forces d'opposition, cherchera à jouer avec elles sans s'enfermer dans un plan d'action qui ne tirerait pas parti des forces en présence et ne tiendrait pas compte de l'environnement extérieur.

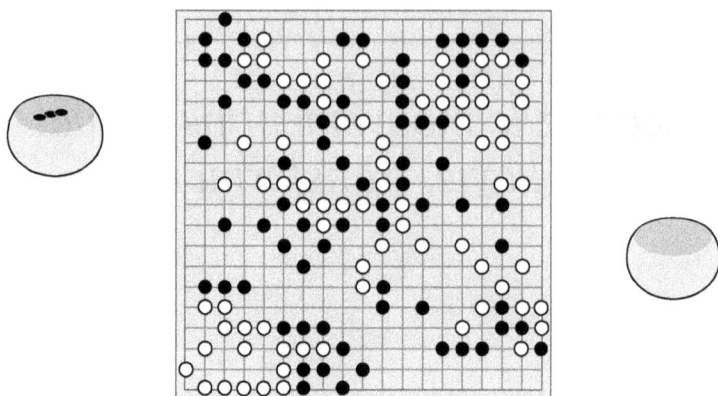

Le go apprend à composer avec le mouvement perpétuel, l'instabilité et les forces d'opposition.

Un bon joueur de go ne se laisse pas conduire par le *jeu des événements* de la partie en cours. Inspiré par son propre dessein, gardant un œil vigilant sur le jeu de l'autre, attentif à ne pas perdre l'initiative, il est entreprenant sur plusieurs espaces du damier. Dans l'édification de ses territoires et leur transformation permanente, il imagine le rôle ou la fonction de chaque pierre posée, immédiatement ou plus tard. À l'occasion de chaque coup, il évalue le rapport de force entre les parties, les menaces et les opportunités. Et, parmi un grand nombre de possibilités, il exerce son talent à choisir l'action transformatrice qui lui permettra d'obtenir le meilleur rendement. Le jeu bascule lorsque l'un des joueurs fait perdre l'initiative à l'autre, l'entraînant dans une spirale où il n'a plus la main sur les événements.

Un bon manager est attentif au jeu des forces en présence, il prend garde de ne pas perdre l'initiative et fait advenir les choses

Il joue sur plusieurs damiers; il crée des événements qu'il connecte peu à peu; il crée des liens entre ses collaborateurs et, au moment propice, fait *advenir les choses*.

Faire advenir les choses ou les faire émerger est une idée forte dans la logique du jeu de go et de la pensée asiatique en général. Voyons cela. Vous, *joueur noir*, êtes un acteur autonome, c'est-à-dire *celui par qui les choses arrivent*. Vos pierres posées et les connections établies, vous voilà fondateur de territoires juridiques, économiques, sociaux, industriels... dont vous pouvez être fier. Il est clair cependant que *le joueur blanc* possède les mêmes propriétés. Lui aussi est autonome. Comme vous, il fait advenir les choses et fonde ses propres territoires, opposés aux territoires noirs ou concurrents. L'unité fondamentale du réel est là : *poser les noirs, c'est poser les blancs*. Par exemple, vous avez à peine terminé d'exposer une nouvelle méthode de fabrication que vos partenaires vous apportent la contradiction; à leur tour, ils vous opposent une autre façon de procéder, à laquelle vous répondrez ou bien en tentant de réduire l'impact de leur méthode, ou bien en consolidant la vôtre.

Les territoires noirs malmenés par les blancs se déforment, s'infléchissent, se réduisent, se développent ou disparaissent. Le dessein des noirs est déconstruit et reconstruit en permanence par celui des blancs, qui de leur côté subissent les mêmes lois universelles.

Construction, déconstruction, transformation...

Le jeu de go nous exerce à composer avec un monde en perpétuelle construction, déconstruction, reconstruction, en mouvement permanent, celui de la vie !

Ici s'exprime la pensée asiatique du yin et du yang qui nous dit – schématiquement – que le mouvement de la vie naît de l'interaction entre des forces contraires. Ainsi, un manager animé d'une volonté de transformation va profiter des forces de construction et de déconstruction pour conduire le mouvement de son entreprise.

Le dessein collectif porté par le manager est le repère symbolique fort qui rend toute transformation acceptable, voire voulue par le corps social. Celui-ci aspire à être rassuré. Si le leader semble être mené par les événements extérieurs, il ne peut que douter de la pertinence d'une transformation, quelles que soient sa nature ou son ampleur. Il a besoin d'un leader charismatique, visionnaire, prophète, porteur d'un dessein. En montagne, si le guide ne sait pas où il va, s'il n'a pas en tête «le dessin» de son parcours, son groupe l'abandonne. Il n'est pas possible de mettre en mouvement des hommes si le désir et la confiance ne sont pas au rendez-vous. La confiance est une donnée purement humaine, qui se révèle une source d'énergie fabuleuse. Agir sur un registre purement mécanique et rationnel est moins performant. Ainsi, bien que beaucoup d'entreprises aient acquis des systèmes d'information sophistiqués et parachevé des transformations techniques majeures, leurs cadres et salariés sont en crise. Pourquoi? Parce que le management a négligé l'énergie et le talent des hommes.

Les entreprises occidentales se trouvent devant un énorme défi : réconcilier ces deux dimensions, technique et humaine. Cette réconciliation leur permettra de faire un nouveau saut de performance.

Composez avec l'incertitude du monde et la complexité

À l'occasion d'une partie d'échecs, un ordinateur est capable de prévoir 95 % des combinaisons possibles et de vous orienter vers le meilleur choix. Le jeu de go relève théoriquement de cette même logique, mais, les règles de fonctionnement faisant quasiment défaut, les initiatives des joueurs tendent vers l'infini (10^{700} combinaisons possibles[1]). En début de partie, au moins, le jeu de go relève d'une autre approche, celle de la complexité.

Pour les débutants, le go est une épreuve visuelle. Voir, comprendre, interpréter visuellement le jeu demande beaucoup d'effort. Un débutant est vite perdu. Rien ne se dégage de l'enchevêtrement des pierres. L'observateur ne sait plus distinguer son territoire de celui de l'autre. Certains territoires semblent *vivants* alors qu'en fait ils sont *morts*. La pratique du jeu développe une aptitude visuelle, une vision créative telle celle d'un bon photographe. La partie est perçue d'autant de façons qu'il y a de spectateurs.

Observez une partie de go en cours. Vous constatez la présence de pierres éparpillées un peu partout et des ébauches

---

1. Chronique de go, François Lorrain «Combien y-a-t-il de parties de go possibles?», *Recreation Québec*, Décembre 2000-janvier 2001.

de territoires blancs et noirs plus ou moins entrelacés. Voilà une bonne image du monde complexe auquel l'entreprise doit faire face. Dans tous les domaines – économiques, sociaux, politiques, culturels, événementiels, etc. – les mouvements du monde et leur déroulement sont quasi imprévisibles.

Le manager assume l'incertitude

Il devient le médiateur entre le besoin grandissant de sécurité du corps social et l'incertitude du monde qu'il doit assumer plus que quiconque. Il doit installer la confiance, conduire «la traversée du désert», surmonter les épreuves. Il lui revient d'assumer le stress de l'incertitude qui naît de la vitesse. Il inspire le respect et invite ses collaborateurs à se dépasser. Dans les moments de danger, il sait relier, rallier, prendre soin de la vie de chacun et faire émerger les opportunités que peut faire naître la crise. Il profite même de la crise pour refonder sa légitimité.

Face à la complexité du dehors, les dirigeants d'entreprise ont jusqu'à présent recherché la clé organisationnelle ou managériale qui répondrait à tout, présupposant l'existence dans leur entreprise d'un *simple désordre caché*, d'un rouage mal monté, d'un ressort manquant, comme si l'inadaptation au complexe relevait d'une logique de la complication. Il est vrai que le management unilatéral convient aussi bien aux situations simples qu'aux situations compliquées. Mais la complexité de notre environnement a changé le jeu. Elle devient si extrême qu'un homme seul a de moins en moins de chances de tout connaître et d'établir correctement les synthèses appropriées. La méthode unilatéraliste peut être malgré tout performante, soit par hasard soit dans le cas exceptionnel où l'intuition et l'habileté manœuvrière du chef sont localement supérieures à la confusion générale.

Le jeu de go nous suggère une tout autre approche. Observez à nouveau le damier, mais cette fois pour saisir la réalité intérieure de l'entreprise, autrement dit son *dedans*. Incontestablement, sur un plan purement *structurel*, votre entreprise relève davantage de la complication que de la complexité. Mais, on peut penser que le *système de prise de décision* fonctionne à l'image de la complexité qui règne un peu partout : rien n'est acquis, rien n'est certain, et c'est mieux ainsi.

La complexité possède aussi des valeurs fortes

Comme la vie, la complexité est riche d'innombrables opportunités. Votre pensée est complexe, certes. Et pourtant, de l'entrelacs noueux de vos images mentales et concepts émergent par instants des idées simples, riches et fortes. Tout réagissant sur tout, *la complexité est génératrice d'énergie* : avec du vivant, elle construit du social, du politique, du culturel... Il lui faut peu de chose pour passer d'un *état neutre* (les pierres matérielles posées sur le damier) à celui de *territoire vivant*, auto-organisé, capable de se prendre en main et de maîtriser la relation dedans/dehors.

Il apparaît donc de plus en plus naïf de s'en remettre au management par le *simple* symbolisé par le *chef*. Il convient de se fier davantage à l'hyperréactivité et à l'inventivité d'une équipe auto-organisée plus complexe que la situation à maîtriser. Voilà le secret des décisions concertées.

Au jeu de go, le «chef» est métaphoriquement représenté par la dernière pierre qui clôt un territoire et lui donne son existence.

Voilà une belle image du manager : celui qui se contente d'avoir le dernier mot... et le bon, et qui, loin de la hiérarchie du jeu d'échecs, manifeste son autorité au moyen d'une pierre comme les autres. Au go, l'humilité du chef fait recette.

Au-delà de l'efficacité, visez la performance

Au jeu de go, les formes esthétiquement belles sont les plus couvrantes; elles ont une capacité d'existence plus grande, contrairement à des pierres tassées sur elles-mêmes.

Il convient ici de distinguer avec insistance l'*efficacité* de l'action et sa *performance*. Nous pouvons ramener le critère d'efficacité à une habileté technique, à un bon tour de main professionnel. L'efficacité se limite à atteindre un effet voulu, un objectif. Mais l'objectif peut être erroné ou malhonnête. Un gangster peut être efficace.

La performance, au contraire, se dit d'une machine, d'un produit, d'une entreprise qui obtient des résultats remarquables eu égard aux moyens mis en œuvre. Le préfixe *per* marque ce qui est achevé, accompli, conduit jusqu'au bout. *La performance dépasse l'efficacité, en lui imposant l'emploi d'attitudes et de moyens dignes, esthétiques, honnêtes, en rapport avec les fins.* La performance confère au rendement de l'action une valeur plus qualitative. Elle apprécie une justesse de ton autant qu'un résultat. Elle se manifeste autant par un chiffre d'affaires ou un délai que par une bonne volonté optimiste. **Elle se reconnaît à l'élégance économique et morale avec laquelle les difficultés liées à l'action et inhérentes à l'organisation sont surmontées.** On peut parler ainsi des bonnes performances d'une équipe de vendeurs parvenue à tirer le meilleur d'elle-même et des circonstances. À l'efficacité *brute* centrée sur un résultat, la performance ajoute le tact, «appréciation spontanée et délicate de ce qu'il convient de dire, de faire et d'éviter» (Robert). Et ce, de préférence à partir des critères soutenus par *les autres*, qu'ils soient alliés, adversaires ou tiers, qui apprécient tous des valeurs telles que l'exemplarité, la responsabilité, l'humilité.

À l'inverse, la non-performance évoque l'idée d'arrogance, de muflerie, de brutalité, voire de *barbarie*, procédé qui consiste à utiliser d'une manière faussement ingénue des moyens vils en rupture avec les mœurs de la société et les fondamentaux de l'entreprise.

L'élégance du jeu de go lui vient de son principe. Les concepts de damier, de pierres toutes identiques et de but assigné à chaque joueur augurent d'un autre *style de relation entre les noirs et les blancs*, dont témoignent les parties officielles entre champions.

Afin de bien mettre en évidence cette *élégance*, le joueur de go le plus habile, le plus titré en *dan* (donc le meilleur) se doit d'*offrir à son adversaire en phase d'apprentissage* un avantage considérable : de 2 à 9 pierres d'avance qu'il disposera sur le damier avant que la partie s'engage. Où posera-t-il ces pierres? Pas n'importe où : sur les hoshi[1], intersections situées sur *la quatrième ligne* à partir du bord, là où justement tout se gagne ou se perd souvent dès le début de la partie. Il s'agit d'un *geste de dignité* adressé autant à l'autre joueur qu'à l'œuvre commune qui va se jouer là, dans un instant, sous les yeux des deux adversaires.

L'emploi de moyens dignes, élégants, honnêtes, respectueux de l'homme contribue fortement à rendre l'action crédible et à entraîner l'adhésion. Pour les tiers, les *buts réels de l'action* d'un manager ne sont pas clairs; *seul le choix des moyens tangibles* mis en œuvre est évident et non ambigu.

---

1. Voir illustration au Jalon 8 et Annexe 2, «Le jeu de go en quelques règles».

TROIS CONSEILS EN VUE DE DÉVELOPPER VOTRE PERFORMANCE DE MANAGER

- **Recherchez l'élégance des moyens**. Il s'agit de dépasser l'efficacité pure et simple et d'inscrire l'action dans un processus durable. L'élégance des moyens renforce peu l'efficacité d'un acte particulier mais, par un effet d'exemplarité contagieuse, elle remet les choses à l'endroit.
- **Soignez l'attitude et le contact direct.** On n'insistera jamais assez sur l'effet instantané d'un sourire, d'une poignée de main, d'une réponse nette à une question. Votre regard en dit plus sur vos intentions que tous vos discours : privilégiez donc le courage du contact direct plutôt que la facilité de l'échange de mails, et n'hésitez pas à exprimer les convictions profondes qui fondent votre action.
- **Pratiquez la relation d'or.** La relation d'or s'installe entre deux parties dès l'instant où le rapport de pouvoir est équilibré et où la volonté de synergie est plus forte que la volonté d'antagonisme. Elle optimise les rapports d'attitudes et de pouvoirs, donc de puissance, entre deux acteurs individuels ou collectifs ; plus précisément, les jeux communs et crédits d'intention réciproques l'emportent ici sur les jeux personnels et procès d'intention mutuels. Elle rend possible tout type d'organisation et de management très élaboré, notamment l'auto-organisation. Étendue à toute l'entreprise, au sein des équipes et des hiérarchies, entre les groupes sociaux et professionnels, dans les relations avec les fournisseurs, avec les clients, avec les représentants des syndicats et de l'administration, la relation d'or confirme le rôle primordial du jeu des attitudes. S'éloigner durablement de ce schéma freine la propension de l'entreprise à la performance.

Prenez de la hauteur

Quand l'enchevêtrement des pierres et des territoires rend la lecture du jeu difficile, le «maître de go» recommande de se lever, pour regarder le damier de plus haut et prendre du recul afin de comprendre ses erreurs et d'éviter l'enchaînement d'autres erreurs.

Debout, le joueur verra mieux l'influence dont il dispose sur le go-ban, les territoires qui lui appartiennent et ceux de son adversaire, les zones dont le sort reste à trancher. Il pourra plus facilement évaluer les enjeux et les hiérarchiser.

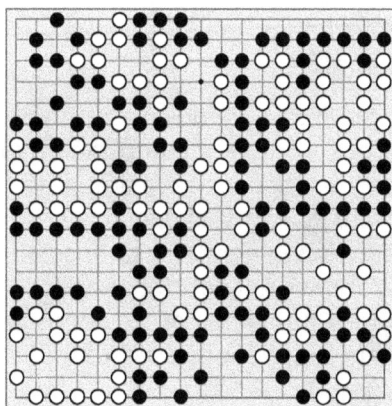

Observez le damier lorsque la fin de la partie approche. Que voyez-vous? Un entrelacs de pierres et de territoires blancs et noirs, d'autant plus imbriqués que le combat a été acharné. C'est la photographie aérienne saisissante d'une vaste plaine composée de champs et de bois s'enveloppant les uns les autres. Les blancs et les noirs constatent qu'ils ont participé, chacun de leur côté et quasi involontairement, à la construction d'une œuvre commune : un espace paysager et, pourquoi pas? économique, social, politique. Bien sûr, le joueur blanc (ou noir) est dit gagnant et l'autre perdant. Mais l'essentiel est à regarder **par enrichissement des contraires** : **épouser l'ordre et le désordre des choses, telle est la voie.** Dépassant la logique gagnant/perdant, nous voilà en quête d'une issue proche du gagnant-gagnant.

Le damier devient le miroir d'une aventure commune. Ne le considérez plus comme une terre vierge à conquérir mais plutôt comme le reflet du monde en devenir où vous avez de grandes choses à accomplir. Pas tout seul bien entendu, mais en synergie avec les autres. Chaque pierre noire posée appelle inexorablement la pose d'une pierre blanche. Les territoires se dessinent à mesure et s'enveloppent; les frontières des territoires noirs naissent de l'opposition créée par les territoires blancs.

Au sein de l'entreprise, le jeu des forces contradictoires dessine également des territoires complexes qu'il devient parfois difficile de distinguer. La compétition entre deux directeurs généraux adjoints, la distance entre la vision stratégique de la direction générale et sa mise en œuvre par les hommes du terrain, les négociations tendues entre la direction des ressources humaines et les représentants du personnel sont autant de phénomènes susceptibles d'accroître la complexité.

110

Prendre de la hauteur peut signifier **prendre le temps d'écouter** les membres de son équipe pour comprendre leurs inquiétudes, faire face aux incertitudes qu'elles génèrent, lutter contre les amalgames et éviter les malentendus et procès d'intention de toutes sortes.

Cela peut également consister à **s'arrêter un instant pour distinguer dans le flot des sollicitations** (mails, réunions, dossiers à valider) celles qui relèvent de l'essentiel et nécessitent votre intervention directe. Pour les autres, l'effacement et le vide contrôlé seront sans doute tout aussi efficaces.

Renforçant ainsi le dessein de votre équipe, vous créez un espace de moindre complexité, une base de vie qui va vous permettre de jouer en extension.

Prendre de la hauteur oblige à **porter un œil différent sur la complexité**, à ne plus la concevoir comme le symptôme d'une organisation malade mais comme une énergie positive à l'œuvre dans votre entreprise. La complexité résulte d'une opposition dynamique entre plusieurs forces et conduit à un enveloppement mutuel de territoires. Cette imbrication génère vigueur, créativité et développement.

Au jeu de go, il ne s'agit pas de faire confiance *a priori* à l'autre joueur, mais de se fier à une vision partagée plus large, plus étendue dans le temps et l'espace, qui laisse apparaître un *métaterritoire* dont les deux protagonistes tirent le meilleur profit. La mentalité occidentale peine à reconnaître que deux volontés non complices puissent parvenir malgré tout à engendrer une œuvre positive. Heureusement, de bonnes choses peuvent naître spontanément d'*interactions non intentionnellement synergiques*.

Au sein de l'entreprise, les jeux de forces contraires patronales et syndicales se heurtent, se répondent, se confortent, se neutralisent, s'enveloppent... Certes, mais dans le même mouvement, ces jeux engendrent une réalité socio-économique supérieure, plus riche, plus complexe, plus apte à répondre à une plus grande variété de situations.

À une condition cependant, et de taille! **Refuser la logique de mise à mort du jeu d'échecs, accepter la coexistence des contraires *blanc et noir* au sein d'une entité enlacée *blanc-noir*** (tels le yin et le yang dans le grand tao), soutenir coûte que coûte l'entreprise en tant que telle et ne jamais engager des actions qui pourraient la mettre à mal, **inscrire son dessein au sein d'un dessein plus vaste encore**. Cette leçon échappe, hélas! à de nombreux patrons et responsables syndicaux.

Prenez du plaisir, soyez performant et... stressé : le jeu, c'est ça !

Il est plaisant de clore cet ouvrage sur le go par un hommage appuyé au jeu lui-même. De la marelle au football, tout jeu suscite un débordement d'énergie. Le loto ou la belote, le jeu de dames ou d'échecs, le bridge ou le jeu de go déclenchent mystérieusement *un élan émotionnel* de plus ou moins grande intensité.

Le jeu est de caractère affectif, voilà son secret

Par exemple, vous jouez au Monopoly et l'un de vos adversaires réussit à s'emparer des *Champs-Élysées*, objet de votre convoitise. Si vous étiez purement rationnel, il ne vous viendrait pas à l'esprit de vous dépenser corps et âme pour acheter la *Rue de la Paix*. Vous avez perdu la tête ou quoi? La *Rue de la Paix*, au Monopoly! Ce n'est pas sérieux. Dans le même esprit, il est dit, à propos du football, que «si on donnait un ballon à chaque joueur, ils se disputeraient moins».

Le jeu de go n'échappe pas à ce phénomène et c'est bien ainsi. La sociodynamique a repris à son compte cette idée d'*élan affectif* donné aux hommes, aux choses et aux idées. D'origine émotionnelle, cet élan devient *professionnel*. Dans le jeu comme dans le management, il se reconnaît au fait qu'il est simultanément source de plaisir, recherche de la performance et... moment de stress. Ici, le stress est positif dans la mesure où il s'accompagne de plaisir et de bons résultats.

Nous sommes à cent lieues de la notion de *travail*. Le management par les procédures et les organisations tayloriennes, mécanistes et hiérarchisées, a tendance à faire *travailler* les agents d'exécution, au sens étymologique du terme : de *trepalium*, instrument de torture. Cet ouvrage milite en faveur d'une activité professionnelle conçue et mise en œuvre comme une sorte de jeu, où tous, du PDG au simple employé, peuvent trouver du plaisir à la performance.

Si vous n'avez pas encore joué au go, nous vous recommandons de faire quelques parties. Il faut vingt minutes pour en apprendre les rudiments. Faites l'expérience du jeu et, pourquoi pas? lisez deux fois cet ouvrage : une fois sans avoir joué, une fois après avoir joué. Les analogies entre le jeu et le management n'en seront que plus appréciables.

Laissons le dernier mot à Georges Perec[1] qui nous suggère **l'art d'adopter le comportement subtil du joueur de go**.

« Si tu sais estimer dans son ensemble la situation à un moment donné de la partie,

Si tu as une idée un peu claire de ce que mijote l'adversaire,

Si tu connais ses points faibles,

Si tu n'oublies jamais que ton adversaire a de fortes chances de les connaître aussi,

Si tu sais qu'il sait ; si tu sais qu'il sait que tu sais ; si tu sais qu'il sait que tu sais qu'il sait,

Si tu sais où et quand il faut déclencher un combat,

Si tu sais garder des menaces en réserve,

Si tu as soin à tout instant de regarder du côté des coins, du côté des bords, du côté du centre,

Si tu sais aux instants opportuns t'arrêter un instant, te lever et considérer de haut, de loin, de l'autre côté, le jeu dans son ensemble tout en voyant d'un œil neuf,

Si tu sais imaginer,

Si tu ne te goures pas,

Si tu ne t'affoles jamais,

Si ta main, elle ne tremble pas,

TU SERAS UN JOUEUR DE GO. »

---

1. Georges Pérec, Jacques Roubaud, Pierre Lusson, *Petit traité invitant à la découverte de l'art subtil du go*, Christian Bourgois Éditeur, 1969 (réédité en 2003).

Le go, un jeu éminemment «sociodynamique»

La sociodynamique apparaît partout en filigrane dans cet ouvrage. Réplique sociale de la thermodynamique, elle nous apprend elle aussi à susciter le mouvement, mais ici... par la *chaleur* née de la coopération entre les acteurs de l'entreprise! La fonction du préfixe *socio* met l'accent sur l'énergie humaine, donc sur les hommes moteurs de l'action, que celle-ci soit commerciale, industrielle, managériale, mais aussi syndicale ou politique. Le concept a été promu par Abraham Moles dans son ouvrage *La sociodynamique de la culture*[1]. Philippe Bernoux en reprend les principes dans un livre récent[2].

Cette approche, développée dans l'ouvrage *L'élan sociodynamique*[3] souvent mentionné, nous invite à la visite guidée du monde des organisations là où s'exerce l'action des hommes. Elle précise leur projet; elle décrit le panorama de leurs alliances et de leurs luttes; elle indique les règles séculaires

---

1. Abraham Moles, *La sociodynamique de la culture*, Mouton, 1971.
2. Philippe Bernoux, *La sociologie du changement dans les entreprises et les organisations*, Seuil, 2004.
3. Jean-Christian Fauvet, *L'élan sociodynamique*, en collaboration avec Kea&Partners, Éditions d'Organisation, 2004.

et nouvelles qui fondent leurs succès et leurs échecs; elle dote les acteurs d'une panoplie de moyens pratiques destinés à servir leur stratégie ou celle de leur entreprise. Elle hiérarchise les enjeux propres à chaque famille d'organisation, l'auto-organisation figurant un *cas limite* de grand intérêt que le go illustre sous la forme d'un «territoire». De façon pratique, elle développe les trois modes de management qui gèrent les occasions de convergence ou les situations de conflit, qui conduisent les programmes de transformation... et donnent aux hommes l'élan dont l'entreprise a besoin pour prospérer.

La sociodynamique ne se contente pas de suggérer une vue en surplomb de l'organisation (viser large!), elle propose également un catalogue de pratiques permettant aux managers de conduire leurs actions sur le terrain (tenir serré!). Ainsi elle détaille la liste des outils permettant à un dirigeant de distinguer les signes de synergie et d'antagonisme de tous les acteurs les uns par rapport aux autres, de faire l'inventaire de ses pouvoirs face à ses interlocuteurs, de sélectionner les meilleurs arguments pour conduire une négociation... *L'art* de maîtriser un conflit ou, à l'autre extrême, de promouvoir un projet d'entreprise se nourrit de multiples *tours de main* dont la sociodynamique se plaît à dresser des inventaires. Pour la première fois peut-être se trouvent réunis des concepts basiques pour l'entreprise comme ceux de «dedans/dehors», de «centre/périphérie» ou de «bonheur privé/bien commun», mais aussi les moyens susceptibles de développer le concept clé le plus performant de la sociodynamique, celui d'«institution/corps social», très chahuté aujourd'hui. De plus, il est rare de voir s'opposer et pourtant se combiner les leviers classiques de l'action que sont les *forces productives* et les *freins au changement* qui leur font obstacle.

Tactiques de terrain et *stratégies globales* se complètent donc
à tout instant, notamment dans le cadre de la célèbre *stratégie des alliés*, dont la sociodynamique s'est faite le champion.
Pourquoi? Parce qu'aucune action collective d'envergure ne
peut être conduite sans prendre appui sur un jeu d'alliance.
Mais comment distinguer les grands et les petits alliés? Les
grands et les petits adversaires? Que leur proposer pour les
rendre solidaires de l'alliance? Quelles fonctions assurent-ils
dans la mise en œuvre d'un projet? Quel rôle tient le «chef»
de l'alliance? Etc. Afin d'y voir plus clair, la sociodynamique
propose une *carte* qui permet de se représenter le champ
des alliés et des opposants et d'évaluer les forces de synergie
et d'antagonisme.

Enfin, la sociodynamique construit une dynamique de
transformation des structures et des systèmes qui permet
de suivre les évolutions des mentalités et du marché. Ainsi,
elle tente de gérer au mieux les situations nouvelles que
nous livre la globalisation en cours, sous le nom de *complexité*.

Œuvre de consultants en organisation, la sociodynamique
s'est développée depuis trente ans au fil des préoccupations
des dirigeants, proposant des réponses à leurs questions de
management. Dans les années 1970, elle s'est appliquée à
gérer les conflits sociaux, puis, dans les années 1980, elle
s'est attachée à tirer parti de l'énergie positive investie par
chacun dans un projet d'entreprise. Elle a ensuite aidé les
dirigeants à mieux comprendre la dimension humaine et
culturelle du changement. Aujourd'hui, à l'ère du *désenchan-
tement* des organisations, la sociodynamique s'avère nécessaire pour susciter une nouvelle version de l'implication des
salariés.

Aussi peu *modèle* que possible, la sociodynamique se veut
plutôt *grille de lecture et de management* des organisations.

Si, parmi ses méthodes d'action et outils tactiques, *la straté-gie des alliés* s'avère la plus célèbre, le jeu de go est rapidement apparu comme un outil autrement plus prestigieux que tous les autres. Il cesse d'être un jeu au sens strict. Il acquiert quasiment le statut d'un paradigme philosophique et praxéologique[1]. Il a le mérite de nous offrir *une visualisation hors pair* :

* des événements de la vie... dans leur imprévisibilité,
* de l'action... dans son mouvement,
* de l'organisation... dans ses structures et ses systèmes,
* des relations... dans leur interdépendance et leur complexité,
* des projets d'entreprise... dans leur pertinence économique et sociale,
* du dessein qui prend forme...

La sociodynamique pouvait-elle laisser passer cette référence historique et cette activité ludique qui lui confère un relief supplémentaire appréciable? Ce sera à vous, lecteur, d'en juger.

Pour finir, ajoutons que la sociodynamique et le jeu de go manifestent quelques réticences vis-à-vis du modèle de management dit *de l'ingénieur,* modèle qui cherche à piloter le mouvement avec une rigueur cartésienne. Les occasions ne nous ont pas manqué de soutenir ici le modèle dit *du jardinier,* qui fait émerger la vie avec discrétion. Comme nous le rappelle Jean-René Fourtou[2], «organiser, ce n'est pas mettre de l'ordre, c'est susciter la vie».

---

1. Praxéologie : discipline de l'action.
2. Préface de l'Élan sociodynamique de Jean-Christian Fauvet, Éditions d'Organisation, 2004.

120

Le jeu de go en quelques règles

Le matériel

Le go-ban : c'est un damier de 19 lignes en hauteur sur 19 lignes en largeur, soit 361 intersections, dont 9 renforcées, appelées les hoshi.

Remarque : pour apprendre, on peut aussi jouer sur des gobans plus petits : 9 x 9, ou 13 x 13 lignes.

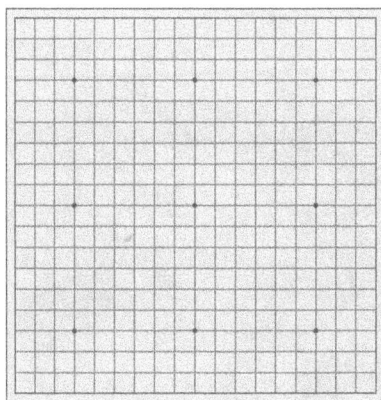

Les pierres : on joue avec 181 pierres noires et 180 pierres blanches, toutes identiques.

Les bases

Le jeu de go se joue à deux : un joueur prend les noirs, l'autre les blancs.

Chaque joueur à son tour, en commençant par le joueur noir, pose une pierre sur une intersection libre du go-ban.

Une fois posée, une pierre ne se déplace plus.

L'objectif du jeu

L'objectif du jeu est d'occuper le plus d'espace possible en formant des territoires.

Un territoire est un espace libre entouré par des pierres d'une même couleur. La valeur d'un territoire est le nombre d'intersections libres qu'il englobe.

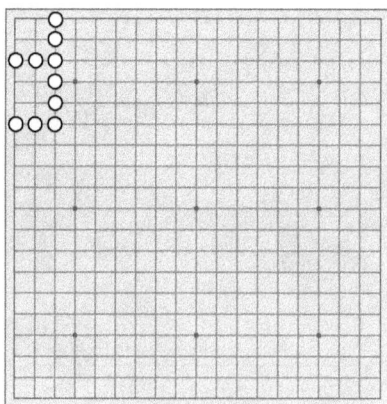

Ici, par exemple, le territoire blanc vaut 8 points.

Le gagnant est celui qui contrôle le plus de territoire à la fin du jeu.

La règle de la prise

Une pierre posée sur le go-ban a autant de degrés de liberté que d'intersections adjacentes libres. Le terme japonais est Katsuro : le chemin de la liberté.

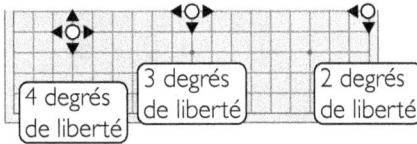

On peut retirer des degrés de liberté à une pierre adverse en les occupant avec ses propres pierres. Une pierre qui n'a plus qu'une liberté est dite en atari. Une pierre qui n'a plus aucune liberté est capturée et retirée du go-ban.

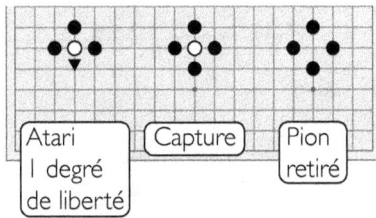

On peut aussi capturer des chaînes de pierres.

Une chaîne est constituée de plusieurs pierres adjacentes. Ses degrés de liberté sont les intersections libres adjacentes à l'ensemble des pierres qui la composent.

123

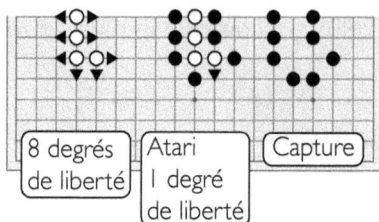

Chaque pierre capturée rapporte un point au joueur qui la capture. Cependant, la capture n'est pas un but en soi mais bien un outil au service de l'occupation de territoires.

Cette règle entraîne plusieurs conséquences.

Le suicide est interdit

Il est interdit de jouer à un endroit où l'on n'a aucune liberté, sauf si, par ce coup, on capture une pierre ou une chaîne de pierres adverses, se créant ainsi des libertés.

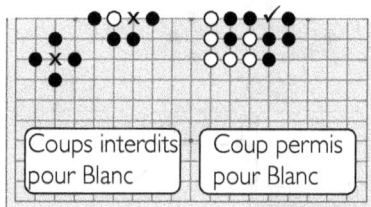

La règle du Ko

Il est interdit de jouer un coup qui fasse revenir le jeu dans la situation juste antérieure.

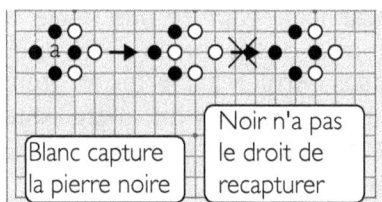

Noir ne peut pas recapturer tout de suite la pierre blanche, sous peine de revenir à la situation antérieure. On parle de Ko, ce qui signifie «éternité» en japonais.

Noir doit d'abord jouer ailleurs un coup qui force la réponse de Blanc : on parle de menace de Ko. Il peut ensuite recapturer la pierre. C'est alors au tour de Blanc de trouver une menace de Ko, etc.

Enfin, quand une menace de Ko est considérée par l'autre joueur comme moins importante que le Ko lui-même, il peut terminer le Ko, par exemple en jouant en *a*.

Vie et mort des groupes

* **Le groupe noir de gauche est mort :** Blanc peut jouer en *a* et capturer le groupe noir, et Noir ne peut rien faire pour l'en empêcher.

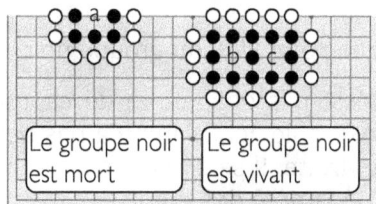

• **Le groupe noir de droite est vivant :** Blanc ne peut pas jouer en *b* car il ne capture pas (règle du suicide). De même il ne peut pas jouer en *c*. Donc Blanc ne pourra jamais ôter ses dernières libertés au groupe noir. On dit que le groupe noir est vivant, c'est-à-dire incapturable, et qu'il a deux «yeux».

On considère qu'un groupe est vivant s'il a deux yeux ou s'il peut en former deux au moment de son choix. Parfois, la situation est indéterminée et dépend de qui peut jouer le premier.

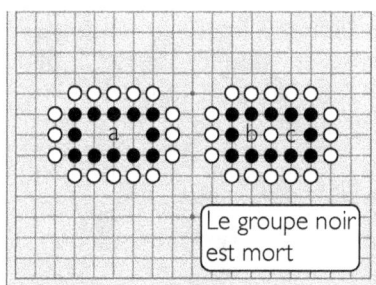

Le groupe noir est mort

Ici, par exemple, si Noir joue en *a*, on arrive à la situation du diagramme juste au dessus : Noir a deux yeux et vit.

En revanche, si Blanc joue en *a*, il empêche Noir de former deux yeux. Noir ne peut pas empêcher la capture de son groupe.

On dit que *a* est le *point vital* du groupe noir.

Remarque : il n'est pas obligatoire de capturer un groupe déjà mort. Par exemple, ici, Blanc n'a pas besoin de capturer le groupe de droite. Il sera considéré comme prisonnier au moment du décompte des points.

La fin de partie

Quand un joueur n'a plus de coup intéressant à jouer, c'est-à-dire quand les frontières entre les territoires de Blanc et de Noir sont inviolables et que la répartition des territoires ne peut plus changer, il passe. Quand les deux joueurs passent successivement, la partie est terminée.

On fait alors le décompte des points.

Prenons l'exemple d'une partie sur un damier de 9 lignes sur 9 lignes.

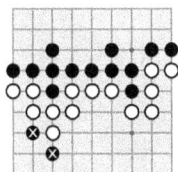

Ici, la partie est terminée. La frontière entre les deux territoires est solide. Les deux joueurs ont donc passé.

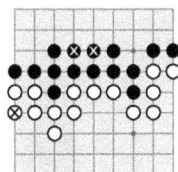

On fait alors le décompte des pierres mortes : deux pour Noir, aucune pour Blanc. Par ailleurs, Noir avait capturé une pierre blanche pendant la partie. Pour faciliter le décompte, on va replacer ces trois pierres dans les territoires correspondants.

127

On peut ensuite compter les intersections libres de chaque joueur : Noir a 21 points, Blanc 30 points. Blanc gagne donc de 9 points.

Pour résumer, le score de chaque joueur est égal au nombre d'intersections libres de ses territoires moins le nombre de prisonniers et de pierres mortes.

Plus d'information sur le jeu de go

Pédagogique

Pierre Audouard, *À la découverte du go*, Chiron, 2000.

Pierre Aroutcheff, *Le jeu de go*, Chiron, 1996

Thérapeutique

Yasuda Yasutoshi, *Le go outil de communication*, Chiron, 2003.

Poétique

Georges Perec, Jacques Roubaud, Pierre Lusson, *Petit traité invitant à la découverte de l'art subtil du go*, Christian Bourgois Éditeur, 1969 (réédité en 2003).

Managériale

Francis Touazi, Cécile Gevrey, *Management d'entreprise et stratégie du go*, Nathan, 1994.

Jean-Christian Fauvet et Kea&Partners, *L'élan sociodynamique*, Éditions d'Organisation, 2004.

Romanesque

Yasunari Kawabata, *Le maître ou le tournoi de go*, LGF, 1990.

Shan Sa, *La joueuse de go*, Gallimard, 2003.

Philosophique

François Jullien, *Traité de l'efficacité*, LGF, 2000.

Stratégique

Sun Tse, *L'art de la guerre*, Hachette Pluriel Référence, 2002.

Politique

Philippe Quême et Jean-Christian Fauvet, *L'autorévolution de la France*, L'Harmattan, 2007.

En ligne

ffg.jeudego.org

fr.play.yahoo.com

zone.msn.com

goproblems.com

kgs.kiseido.com

Remerciements

Nous tenons à remercier chacun de ceux qui ont collaboré à cet ouvrage.

Au fond, tout s'est joué comme une partie de go : deux «joueurs», Jean-Christian et Marc, opposent leurs points de vue sur le management, l'un plus sociodynamicien, l'autre plus joueur de go, chacun construisant son territoire de convictions et tous deux visant l'harmonie de l'ensemble. De cette dualité est né cet ouvrage.

Pour autant, l'écriture de ce livre n'aurait pu aboutir sans le soutien amical et professionnel de quelques proches. D'abord Hervé Lefèvre, PDG de Kea&Partners. Par son management, fait d'écoute sensible, de confiance et d'énergie, il a stimulé l'effort de tous pour que le projet aille à son terme. Kea&Partners est un formidable lieu de création, et ce livre constitue une «pierre» dans la construction de notre société de conseil. Ensuite Laurence Dothée Steinecker, notre cheville ouvrière pour la rédaction et la mise en forme : merci pour le climat de connivence et d'amitié qu'elle a installé au fil de l'écriture, merci pour sa patience et sa capacité à faire rentrer les idées et les projets dans le concret. Chez Kea&Partners, tout se réalise en coproduction et, quand il s'agit d'écrire, un comité de rédaction se constitue... Nous remercions Arnaud Gangloff, qui porte le travail de développement de Kea sur la transformation, et Yves Pizay, relecteur avisé : ils nous ont tous deux challengés sur les idées et leur illustration concrète. Nous remercions Philippe Faugeron, Yves Jaunet et Vincent Jeanteur : ils sont les pierres angulaires de notre travail de développement sur le management et la sociodynamique. Leur coopération, la qualité de nos échanges et leur amitié nous ont soutenus tout au long de la rédaction du livre.

Merci aussi à Marc Appolinaire, Julien Rémy et Mathias Schmeer qui animent le club de go de Kea et nous exercent au jeu des analogies. Ils nous expliquent les règles du jeu en fin d'ouvrage.

Enfin merci à Farid-Georges Ben Malek, champion de go, qui nous a conseillés sur les principes du jeu et avec qui nous avons eu un immense plaisir à converser.